향대기람

향대기람

초판 1쇄 인쇄   2014년 4월 21일
초판 1쇄 발행   2014년 4월 30일

지은이   공성구
옮긴이   박동욱
펴낸이   지현구
펴낸곳   태학사
등   록   제406-2006-00008호
주   소   경기도 파주시 광인사길 223
전   화   (031) 955-7580~2(마케팅부) · 955-7585~90(편집부)
전   송   (031) 955-0910
전자우편   thaehak4@chol.com
홈페이지   www.thaehaksa.com

값은 뒤표지에 있습니다.
ISBN 978-89-5966-642-3 03910

이 도서의 국립중앙도서관 출판시도서목록(CIP)은 서지정보유통지원시스템 홈페이지
(http://seoji.nl.go.kr)와 국가자료공동목록시스템(http://www.nl.go.kr/kolisnet)에서 이용하
실 수 있습니다.(CIP제어번호: CIP2014012267)

향대기람
香 臺 紀 覽

공성구 지음
박동욱 옮김

개성상인의 홍삼로드 개척기

태학사

일러두기
- 본문에 나오는 중국의 인·지명은 가독성을 고려하여 '홍콩'과 '마카오'를 제외하고 우리 발음대로 표기하였다. 단, 일본의 인·지명은 중국과의 구분을 위해 일본어 발음대로 표기하였다.
- 이 책에 실린 모든 도판은 옮긴이가 내용에 어울리게 구성하였다.
- 홍삼로드 지도는 본문 일기에 나오는 주요 여정에 따라 옮긴이가 작성하였다.

차례

◇◇◇

6월

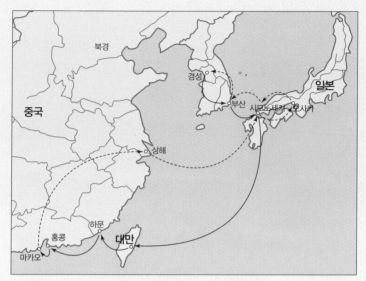

▲ 홍삼로드

경성→부산→시모노세키→대만→홍콩→마카오→상해→시모노세키→오사카→시모노세키→부산→경성

◀ 대만

기륭 → 검담산 → 단수 → 각판산 → 아리산→고웅→항춘→대남→대북→기륭

손봉상 서문

지난 갑자년(1924)에 중국 바다에서 유람하여 황포(黃浦)[1]에 이르렀다. 다시 진회(秦淮)[2]를 거치고 양자강(楊子江)에 배를 띄워 한구(漢口)[3]에 들어갔다. 육지로는 태산(泰山)에 올라 곡부(曲阜)[4]에 참배하고 구불구불 돌아 북경(北京)으로 돌아왔다. 기록에 남아 있는 높은 산이나 큰 냇물부터 옛사람들이 지나온 이름난 곳과 경치 좋은 곳으로 큰 마을과 커다란 도시까지 망라했다. 황포 이남의 여러 고을을 두루 보아서 즐기고 싶었지만 그렇지 못한 것이 한스러웠다. 4년을 넘긴 무진년(1928)에 또 기회가 있어서 바닷길로 대만(臺灣)에 들어갔다가 홍콩[香港]에 이르렀으니, 이 두 섬은 우공(禹貢)[5]에 부세(賦稅)를 매기지 않았다고 했다. 그런데 현재 대만은 일본의 통치를 받고, 홍콩은 영국인의 영토가 되었다. 대만은 본래 큰

---

1 중국 상해에 있는 강이다.
2 남경(南京)을 지나 양자강으로 흐르는 운하이다. 진(秦)나라 때 만들어졌으며 양쪽 기슭은 유람지로 유명하다.
3 중국 호북성(湖北省) 무한시(武漢市)에 있는 도시로 옛 이름은 한고(漢皐)였다. 명·청대에는 중국 4대 진(鎭)으로 알려졌다. 예부터 상업 및 교통의 중심지로 알려졌으며, 현재는 우한시의 상업 중심지이다.
4 산동성(山東省) 제령(濟寧) 북동부에 위치한다. 주(周)나라 초기에 주공(周公)의 아들 백금(伯禽)이 다스린 노(魯)의 옛 도시이다. 공자의 탄생지로 유명하며, 북쪽으로 1킬로미터 지점에 공자의 무덤인 공림(孔林)이 있다.
5 『서경(書經)』의 편명으로 중국 구주(九州)의 지리와 산물에 대하여 쓴 글이다.

땅이니, 광대한 지역과 풍부한 물산이 저절로 비옥하고 산물이 많은 땅을 이루었고, 게다가 또 새로운 정부의 시설도 완비되었다. 그러나 아직도 개척이 안 된 곳에는 사람의 발길이 닿지 않아서 생번족[6]이 있었다. 홍콩은 조그마한 섬으로 광동성(廣東省)과 복건성(福建省) 사이 초택(草澤)[7]에 어촌 몇 집이 의지해 있었다. 그러나 지금은 변화하여 큰 도시가 되어 거기에 살고 있는 100만 명의 사람들로 시끌벅적하니 신세계라 이를 만하다.

중국은 땅이 넓고 인물들이 뛰어나며 나라가 가장 오래되었고 문화가 화려하였는데, 우리나라와는 국경을 아주 가까이 접하고 있다. 그렇기 때문에 그들의 문화를 답습하여, 그 역사와 지도를 익숙하게 읽으며 상세히 살폈기에 옛사람들이 두루 상고하고 감상하는 일이 많았다.

태산(泰山)에 올라서는 부자(夫子: 孔子)가 천하를 작게 여긴 기상을 상상하였고, 여산(廬山)에서는 이백(李白)이 폭포를 보았다는 시구[8]를 외웠으며, 장강(長江)을 굽어보면서 오(吳)나라와 위(魏)나라가 패권을 다툰 자취를 조문(弔問)했고, 요동(遼東) 벌판을 지나면서 수(隋)나라와 당(唐)나라의 군대가 실패한 해를 떠올렸으니, 이번에 간 일은 제목 없는 그림을 보는 것과 같아서 처음에 의심하던 것이 끝내 개운치 않았다.

---

6 대만의 고사족(高砂族) 중 숲속에 살며 원시 생활을 하고 있는 원주민을 이른다.
7 초원(草原)과 수택(水澤)을 아울러 이른다.
8 이백의 「망여산폭포(望廬山瀑布)」라는 시에는 "햇빛은 향로봉 비추어 붉은 놀 생기는데, 멀리 보니 폭포는 냇물 위에 걸리었네. 3,000척이 곧바로 내리쏟아지니, 아마도 하늘에서 은하수가 떨어진 게 아닐까(日照香爐生紫煙 遙看瀑布挂前川 飛流直下三千尺 疑是銀河落九天)"라고 나온다.

각판산(角坂山)[9]의 생번족은 짐승 같아서 우리가 태초에 살았던 인류가 과연 어떠했던가를 상상하게 하였다. 천하의 산 중에서 아리산(阿里山)[10]과 신고산(新高山)[11]보다도 높은 산은 없거늘 어떻게 기차로 구름처럼 갈 수 있겠는가? 그 밖의 담수(淡水)와 초산(草山)도 좋은 경치가 많았으나 사람

손봉상.

들이 글을 남긴 것이 없었다. 하문(厦門)[12]을 지날 때에는 오직 한유(韓愈)의 사당만이 200리 거리에 있다고 들었으니, 비로소 남쪽 지역이 황폐해졌다는 것을 알게 되었다. 하물며 홍콩은 바다 위의 이름 없는 푸른 산봉우리에 불과했지만 오늘날과 같은 번성함이 있게 되었으니, 그렇다면 사물은 알려짐과 알려지지 않음이 있는 것인가. 아니면 지역에 흥함과 망함의 구분이 있음인가. 만약에 그것을 다른 나라[13]에게 떼어 넘겨주어서 남의 손을 빌려 이룬 것이라 하더라도 나로서는 미심쩍은 것이 풀리지 않았다. 후세 사람들은 옛날에 사마천(司馬遷)이 남쪽으로 양자강과 회수 지역을 유람한 일[14]을 좋게 평가했다. 아! 나는 이미 사마천보다 48세나 많지만 마

9 대만 북서부 담수강(淡水江) 상류에 있는 피서지이다.
10 대만 중부 옥산(玉山) 서쪽에 솟은 여러 산의 총칭이다.
11 일제 때 옥산의 이름이다. 대만 산맥의 중부에 솟은 산으로 최고봉은 3,997미터에 이른다.
12 중국 복건성 아모이만(灣)의 아모이 섬에 있는 항구 도시이다.
13 영국을 가리킨다.
14 사마천은 20여 세 때 천하를 유람하고자 하여 남으로 강회(江淮), 회계(會稽), 우혈(禹穴), 구의(九疑), 원상(沅湘) 등지를 유람하였다 한다.

음에 느낀 것이 있더라도 글로 쓴 일이 없었으니, 시대가 달라진 것 또한 사마천의 그날이 아니었던가. 결국 기뻐하며 갔다가 시무룩하게 돌아와서 남들에게 이야기할 만한 것이 없었다.

　이번 여행은 홍삼의 판로를 시찰하기 위해서였으니, 홍삼이란 것은 과연 우리 동방의 특산물이 아니던가. 황포 이남에는 100만 명이 사는 큰 도시가 과연 한둘이 아니었기에, 홍삼을 1년에 십수만 근을 생산하더라도 충분히 소비할 수 있을 것이나 가난한 지식인 놈들의 눈구멍이 혹 잘못 계산한 것이 있지 않았던가. 공성학(孔聖學)[15]이 사촌 동생인 공성구(孔聖求)와 함께 갔다가 돌아가는 날에 성구 군이 그들의 여행을 노정일기(路程日記)로 편집하여 나에게 보여주니, 나는 가지 못했던 곳이라 이 서문으로 보충한다.

쇼와(昭和) 4년[16] 무진년 가을 7월 기망(旣望)에

소산(韶山) 손봉상(孫鳳祥)[17]

15　경기도 개성 출생으로 본관은 곡부(曲阜)이다. 김택영(金澤榮)에게 한학을 배워 시문에 능통하였고 성균관 부제학을 역임하였다. 기업의 성패보다는 민족 자본에 의한 향토 개발로 일본의 자본침략을 극력 반대한 지사형 민족기업가이다. 손봉상 등과 인삼 품종 개량, 경작 방법 개선 등 삼포(蔘圃) 경영의 혁신을 주도하였다. 삼포 경영으로 가산을 이룬 부호 가문에서 태어나 1910년대 이래 개성에서 각종 회사를 창립해 개성실업 발전에 기여하였다.
16　쇼와 3년(1928)이 맞으나 4년이라 잘못 기록한 것이다.
17　개성 출생이다. 개성에서 각종 기업과 회사 설립에 참가하여 주도적 구실을 담당한 그는 선대부터 삼포에서 재산을 모은 개성의 거부였다. 1912년 10월 합자회사인 영신사(永信社)를 개성의 거상 김원배(金元培)와 공성학, 김정호(金正浩)와 박우현(朴宇鉉) 등과 함께 설립하여 사장에 취임하였고, 상품의 도산매와 위탁판매, 창고업 및 금융업을 경영하였다. 개성의 전화(電化)를 위하여 1917년 4월 개성의 거상 김정호, 김기영(金基永), 공성학 등과 개성전기주식회사를 설립하여 이사가 되었다. 1918년 9월 삼포를 기틀로 하여 공성학과 김정호 등의 협력을 받아 고려인삼주식회사(高麗人蔘株式會社)로 법인화하여 삼포 경영을 관장하는 한편, 회사의 주요 목표 사업인 인삼 판매를 활성화했다.

일기

저자 서문[1]

삼업조합(蔘業組合)을 설립한 때부터 홍삼의 판로가 날마다 중국 일대에 거듭 확장되었으나, 상해와 홍콩은 그중에서도 가장 중요한 지역이었다. 지난 계해년(1923)[2]에 상해의 판로는 이미 시찰하였고, 홍콩을 경영한 것이 또 여러 해가 되었다. 올봄에 비로소 그 의논을 결정하였고, 조합장 손봉상과 부조합장 공성학 두 사람이 동반하여 시찰 길에 올랐다. 그리고 삼업의 기수(技手)인 이토 기쿠지로(伊藤菊治郎)가 수행원으로 그 뒤를 따랐으며, 나 또한 함께하게 되었으니 쇼와 3년 4월 30일(1928, 무진년 3월 11일)이었다.

이에 앞서 서울에 들어갈 때 영국 영사관에 교섭해서 여권을 받았는데, 이는 홍콩이 영국령이기 때문이다. 마쓰모토(松本) 전매국장과 야마자와(山澤) 제조과장을 방문하여 작별을 고하고 미쓰이물산(三井物産)의 경성 지점에 가서 지배인 아마노 유노스케(天野雄之輔) 대리를 만나 길을 떠날 날짜와 시간을 타협하고 돌아왔다. 대개 미쓰이사가 우리 홍삼의 판매권을 독점하였는데, 그 판로가

---

1 공성구가 쓴 서문이다.
2 1923년 4월 1일부터 5월 14일까지 44일간의 중국 여행을 함께한 사람으로는 손봉상과 공성학, 조명호(趙明鎬), 박봉진(朴鳳鎭), 김원배였다. 아마노 유노스케는 카메라를 들고 동행하여 사진을 찍었다.

불황을 만났어도 고려 인삼의 평판을 유지하여 마침내 오늘날의 이윤을 거두게 한 것은 진실로 미쓰이사의 힘이었다.

옛날에 상해에 갔을 때에도 아마노 씨가 안내했는데, 또 그와 동반하게 된 것 또한 미쓰이사의 두터운 뜻이었다.

1928년 4월 30일

아마노 씨와 만나서 부산으로 출발하다

아침에 비가 내리더니 점심때는 개었다. 오후 2시에 전매국(專賣局)[1]의 개성 출장소에 가서 이모리(伊森) 소장에게 작별을 고했다. 오후 6시에 우리 일행은 역으로 나갔다. 출장소 사람과 삼업조합 사람, 관민(官民) 중에 옛날부터 알던 많은 사람의 전송을 받았다. 기차가 길게 기적 소리를 낼 때 이미 만 리 길을 가는 생각이 들었다. 기차가 경성역에 도착하니 아마노 씨가 약속대로 와서 함께 탔는데, 전매국과 미쓰이사와 서울에 있는 친지들도 역에 나와 전송해 주었다. 곧바로 부산으로 출발하였다.

좌 | 나진 전매국.
우 | 경성역.

1 전매청(專賣廳)의 옛 이름이다. 일제강점기에 설치된 조선총독부 소속 관청으로 담배와 소금, 인삼, 아편, 마약류의 전매 사무를 관장하였다.

5월 1일

시모노세키에 도착하다

오전 9시, 부산역에 도착하니 밤비가 잠시 내리다가 그쳤고, 바닷바람이 차츰 거세어졌다. 미쓰이사의 경성 지점장인 스미이도(住井) 씨가 역전에서 맞아주었다. 스미이도 씨는 상업 시찰을 위하여 목포를 거쳐 호남선으로 육로를 경유해서 여기에 도착했는데, 우리 일행의 출발 날짜를 미리 알았던 것이다. 유숙을 하고 우리를 맞이하여 전송했으니 그 뜻이 꽤나 정중하였다.

차에서 내리자 연락선인 도쿠주마루(德壽丸)[1]가 마침 도착하여 정박해 있었다. 높은 모자에 정장 차림을 한 많은 관리가 갑판 위에 엄숙하게 서 있었다. 부산의 각 사회단체가 잔교(棧橋)[2]의 양쪽에 죽 늘어서 있어 몰래 훔쳐보니 우리 창덕궁 전하[3]가 명령 받들어 순종효황제(純宗孝皇帝)의 대기제(大朞祭)를 시행하기 위해 도쿄(東京)에서 어가(御駕)[4]로 돌아오는 길이었다. 일행이 옷매무새를 바로 하고 공손하게 맞이하였는데 저절로 금석(今昔)의 감회를 금할 수가 없었다. 스미이도 씨와 작별하고 도쿠주마루를 탔다.

---

1   3,000톤급의 배로 부산과 일본의 시모노세키를 운항하던 연락선이다.
2   배를 접안(接岸)시키기 위해 물가에 만들어진 계선시설(繫船施設)이다.
3   순종을 격하한 말이다. 영친왕을 순종이라고 착각한 것으로 보인다.
4   정황상 순종 황제의 제사를 위해 귀국한 영친왕으로 추측된다.

상 | 옛 부산역.
하 | 1905년 최초의 관부연락선 이키마루 호.

그날 10시 40분에 배가 출발하자 비바람이 바로 일었다. 뱃멀미
가 있을 것 같아 점심밥을 사양하고 온종일 조용히 누워 지냈다. 오
후 6시 40분에 시모노세키(下關)에 도착하였다. 빨리 모지(門司)[5]를
건너 천묘여관(川卯旅館)에 투숙하여 목욕을 마치고 깨끗하게 앉아
있자 술맛이 갑절이나 좋았으니, 이것은 바다를 건너와서 첫 번째로
마시는 술이어서였다. 술을 마신 뒤에 각자 마음대로 시내를 산책하
였다.

5   후쿠오카 현(福岡縣) 기타큐슈 시(北九州市)를 이루는 7구(區) 중 하나이다.

5월 2일

요시노마루를 타고 대만으로 출발하다

오전 8시에 기상하였다. 아침밥을 먹은 뒤 미쓰이 물산 지점장 하세가와 사쿠지(長谷川作次)를 방문하자 흔쾌히 맞아주었다. 사원 한 사람을 시켜서 자동차로 명승지를 안내하게 하였다. 남쪽으로 차를 몰아 메카리 신사(和布刈神社)에 도착하니 간몬 해협(關門海峽)[1]의 가장 좁은 곳에 있었다. 나무가 울창하고 경내는 아주 엄숙하였으며, 매년 1월 15일 신사에 들어가기 전에 사사(社司)[2]가 바다에서 미역을 베어 신(神)에게 바쳤다. '메카리(和布)'라고 하는 것은 곧 맛있는 미역이니, 이 미역으로 신사의 이름을 붙인 것이다. 한참 구경하고 차를 몰아 시내를 가로질러 북쪽으로 연명사(延命寺)의 높은 대에 올라가 동남쪽을 내려다보니, 이곳이 바로 시모노세키이다.

시모노세키의 두 시장이 해협 일대 너머에 열려 있는데, 연기를 뿜는 군함과 바람에 돛폭을 단 배들이 바둑알처럼 펼쳐져 별이 깔

1 일본 혼슈와 규슈 사이에 있는 해협으로 '바칸(馬關) 해협' 또는 '시모노세키 해협'이라고도 한다. 바다 밑에는 간몬 철도 터널과 간몬 국도 터널이 뚫려 있으며, 또 그 서쪽에는 간몬교가 놓여 있다. 이 다리는 혼슈와 규슈 지방을 연결하며, 부산과 시모노세키를 오가는 페리호가 지난다. 가까이에는 관광지로 유명한 아카마 신궁(赤間神宮)이 있다.
2 신사(神社)의 신직(神職)을 이르는 말이다.

린 것과 같았고 그 수효는 1,100척이나 되었다. 서북쪽에는 고쿠라(小倉), 야하타(八幡), 와카마쓰(若松), 후쿠오카(福岡) 등의 공업 도시가 있다. 도시들은 서로 이어져 있고, 곧게 뻗은 굴뚝은 하늘에 닿을 것 같았는데, 시커먼 연기들이 자욱하게 피어오르고 있었다. 이것은 규슈(九州) 지방을 번창하게 한 자원으로 일행을 깜짝 놀라게 하였다. 돌아오는 길에 증기선을 갈아타고 항만(港灣)[3]을 거슬러 올라 여관으로 들어가서 점심밥을 먹었다.

오후 1시에 요시노마루(吉野丸)를 타고 대만으로 출발하였다. 때마침 바람이 온화하고 경치가 밝았으며 물결이 잔잔하여 배를 타고 가는 것이 평평한 육지와 같았다. 위아래에 있는 하늘빛이 한결같이 푸르고 넓어 갑판에서 조망하기에 적당했으나, 고향 산천을 돌이켜 생각하니 멀리 떠났다는 서글픈 마음도 없지 않았다. 얼마 가지 않아 푸른 바다가 아득하였고, 마침내 붉은 해가 서쪽으로 기울자 먼 산봉우리와 가까운 섬이 시야에 들어오지 않았다. 다만 윤전기가 돌아가며 울리는 소리만 들릴 뿐이니, 도리어 처량해서 마음 둘 곳 없는 탄식을 이길 수가 없었다.

요시노마루는 본래 독일에서 만든 것이었다. 세계 대전을 치른 독일이 배상금을 대신하여 일본에게 넘겨준 배로 8,998톤이고 속력은 17마일, 적재량은 8,355톤이다. 일등석에는 45명, 이등석에는 190명, 삼등석에는 547명을 수용할 수 있었다. 배 안에는 무선전신과 인쇄소·오락장·흡연실·욕실·술집까지 있었으며, 그 밖의 여러 설비도 모조리 갖추고 있었다. 오후 4시에 서양 차와 과자를

---

3 배가 정박하여 승객이나 화물 따위를 실을 수 있는 구역을 이른다.

輸送船　吉野丸

昭和十九年七月廿一日未明パレー海峡に於て撃沈
第一五二飛行場大隊　戦友会

상 | 현재 메카리 신사.
하 | 요시노마루.

내왔고, 5시에 목욕을 하였다. 6시 30분에 급사(給使)가 저녁밥을 먹으라고 알리고 식당으로 안내하였다. 식당은 100명을 수용할 만하였고 한 탁자마다 대여섯 명이 앉을 수 있었다.

선장이 가운데에 앉고 선객(船客)은 마음대로 자리에 앉으니, 서양요리가 올려졌다. 급사가 생선과 채소, 고기 등 여러 음식을 큰 쟁반에 담고 서양 스푼 하나를 놓았다. 손님들은 차례대로 소반 가운데로 나아가 먹고 싶은 것을 스푼으로 덜어 개인 그릇에 옮겨 담아 먹었다. 또 다른 음식이 계속 차례로 올라왔는데 대략 20종쯤 되었다. 각자 스스로 옷매무새를 매만지고 몸가짐을 바로 했으니, 그 엄숙한 태도가 공식적인 연회 모습과 같았다.

밥을 먹은 뒤에 갑판 위로 나오자 하늘은 개고 텅 비어서 한 조각 외로운 달만 바다에 박혀 있었다. 배가 파도를 가르며 나아가자, 은 같은 파도와 눈 같은 물결이 또 하나의 기이한 볼거리였다. 어떤 이는 시(詩)를 읊고, 어떤 이는 담소를 나누며, 어떤 이는 바둑을 두고, 또 어떤 이는 마작을 두는 등 각자 즐기다가 10시쯤 잠자리에 들었다.

5월 3일

선장의 안내로 배 이곳저곳을 둘러보다

새벽에 일어나 사방을 바라보니 하늘과 물이 서로 맞닿아 있어, 이 배가 얼마큼의 거리를 갔으며 어떤 곳으로 향하는지 알 수 없었다. 다만 해가 뜨는 방향으로 비로소 남쪽으로 가고 있음을 알 수 있었다. 세수를 하자 다과(茶菓)가 나왔으며, 얼마 후에(오전 9시이나 우리나라는 8시 30분이다) 급사들이 한 줄로 된 악기를 탔는데 양금(洋琴) 소리와 같았다. 그 소리는 복도와 갑판 위를 돌아다니다 그쳤고 조금 뒤에 다시 울렸다. 먼저 울린 것은 기상하여 옷을 정돈하라는 뜻이었고, 뒤에 울린 것은 식당에 모이라는 뜻이었다. 어제 저녁에는 앉을 탁자가 정해지지 않아 사람마다 안내하는 일이 있었다. 그런데 이제는 악기 줄만 튕겨서 부르자 각자 제자리를 찾아 앉았으며, 요리는 대개 어제 차려진 것과 같았다.

오후 1시에 점심밥을 먹고 선장에게 배 구경을 청하자, 선장인 간 겐타로(管源三郞)가 직접 안내하였다. 처음에는 쇠로 만든 사다리를 타고 아래로 내려가 기관실로 들어갔다. 앞뒤에 모두 8개의 화덕이 있는데 날마다 석탄 120여 톤을 소비한다. 그런데 각 기관이 서로 부딪치고 찧고 충격을 주면서 우르릉우르릉 돌아가는 소리를 냈는데, 그 옆에 서 있으면 사람들의 말소리조차 구분하기 어려워

선장의 설명을 자세히 들을 수 없었다. 타진기(舵進機)는 운전하는 데 중요한 기관이며, 부속기관인 발전기와 양수기와 냉각기 등도 현란해서 눈길을 빼앗았다. 바로 사다리를 타고 선장실과 기사장실을 거쳐 다시 높은 돈대로 올라가니 지휘침과 방향전환기, 속력측량기와 우중망원기[1], 일영측정기[2]와 침수격단기[3], 선내통신기[4]와 전화기, 표준시계 등이 모두 매우 정교하게 만들어져 있어 상상할 수조차 없었다. 선장에게 감사하다는 뜻을 전하고 갑판으로 돌아오자 날은 이미 저녁때가 되었다. 일본 술과 음식을 먹고, 음료수를 마시면서 밥을 먹기도 했으니 이것도 특별한 맛이었다.

---

1 비가 내릴 때도 멀리 볼 수 있는 망원경이다.
2 해 그림자를 측정하는 기계이다.
3 물이 스며드는 것을 막는 기계이다.
4 배 안에서 사용하는 통신기이다.

5월 4일

대북역에 도착하다

이른 아침에 일어나보니 뜨거운 기운이 더 후끈해져 처음으로 우리가 여행하는 곳이 열대 지방에 가깝다는 사실을 느끼게 하였다. 바다에서 이틀 밤을 자고 나자 대륙이 이미 시야에서 사라지게 된 사실을 한스럽게 여겼다. 오후 2시경에 이르니 멀리 보이는 산봉우리가 구름과 안개 속에서 희미하게 나타나고, 외딴섬이 연기와 물결 밖으로 일어나 대만이 멀지 않음을 짐작할 수 있었다. 뱃전 위로 높게 올라가 먼 데를 하염없이 바라보았다. 3시 30분경에 기륭(基隆)[1] 항구에 도착하여 배는 멈추었다. 경찰과 세관의 관리들이 배에 올라와 조사하기에 여권을 꺼내 보이자 달리 따져 묻는 것은 없다. 얼마 뒤에 미쓰이사 기륭 지점의 사원과 대만의 홍삼 판매인 장청항(張淸港)이 배 위에서 맞이하였고, 우리는 조그마한 증기선을 타고 육지로 올라왔다.

미쓰이사 기륭 지점으로 들어가 조금 쉬고 다시 자동차를 몰아 시가지를 구경하였다. 이 기륭은 대북(臺北)의 물화(物貨)가 집산하는 중요한 항구로, 모든 것이 번창하여 인구가 6만여 명이나 된다고 한다. 기차로 바꾸어 타고 대략 20분 만에 대북역에 도착하

---

1 대만 북부에 있는 항구 도시이다.

옛 기룽항.

니 5시 25분이었다. 미쓰이사 지점장 이노우에 도모히로(井上知博) 대리와 잡화부 간바야시 구마오(上林熊雄) 주임과 인삼계에 있는 라이 나오다케(賴尙剛) 등 여러 사람이 나와 영접하였다. 철도반점(鐵道飯店)에 함께 들어가 시찰 일정을 협의하고, 장청항 씨에게 초대를 받아 봉래루(蓬萊樓)에 가니 본토의 요리가 매우 진기하였다. 게다가 노래를 부르는 기녀가 있어 여행의 쓸쓸한 회포를 한번 후련하게 풀고 실컷 즐기다가 돌아와 잤다.

5월 5일

대북의 여러 명소를 두루 다니다

아침에 일어나자 오랜 비가 상쾌하게 개었고 훈훈한 바람이 훅 불어왔다. 우리나라 6월 중순경의 기후와 비슷하였다. 식당으로 들어가자 음식은 윤선(輪船)을 타고 있을 때에 먹던 것과 별반 다르지 않았다. 밥을 먹은 뒤에 차를 몰아 대북 신사(臺北神社)를 참배하였다.

대북 신사는 대북시의 북쪽인 검담산(劍潭山) 기슭에 있는데, 기타시라 카와노미야(北白川宮) 전하를 위해 건립한 것이다. 메이지(明治) 29년, 대만을 정벌하는 전역(戰役)에서 카와노미야 전하는 군대를 통솔하며 여기저기에서 싸우다 탄알에 맞아 죽었다. 그의 혼령을 편안하게 하기 위해 이 신사를 지은 것이다. 신사의 규모는 숭고하고 존엄하였다. 숲의 나무는 무성하였고 석등 수백 개가 좌우로 마주해 늘어서 있었으니, 모두 대만의 관리와 백성이 봉헌한 것이다. 담수(淡水) 한 줄기가 신사 앞으로 가로질러 흐르고 있어 이름을 검담(劍潭)이라 했다. 검담 옆에 있는 절은 검담사(劍潭寺)라 했는데, 옛날 정성공(鄭成功)[1]이 이 지역을 개척할 때 그 보배로

---

1 청나라에 저항하여 명나라 부흥 운동을 전개하였다. 일본에서 출생하였으며 명나라 주원장(朱元璋)의 후손인 당왕 용무제에게 주씨 성을 받아 국성야(國姓爺)라고도 알려졌다. 정성공은 대만에서 네덜란드 세력을 물리친 공로로 중국 역사에서 영웅으로 추앙받는다.

대북 신사.

여기던 칼을 못물에 던졌으므로 검담사라는 이름이 붙었다. 신사 앞에서 사진을 찍어 기념으로 삼았다. 그대로 차를 몰고 시가지를 쭉 다니다 미쓰이사 대북 지점으로 갔다. 츠쿠이 세이이치로(津久井誠一郎) 지점장이 흔쾌히 맞아주어 이야기를 나누었다.

대북시는 대만의 수도로 총독부와 주청(州廳) 등 여러 관청이 있는 곳이며 학교와 병원, 박물관, 도서관, 식물원 등 문화 시설도 모두 갖춰져 있었다. 도로는 넓으면서도 깨끗하고, 건물은 화려하면서도 장엄하였으며, 쌀과 차 등의 산물이 유통되는 중심지였다. 그래서 점포가 번창하여 상업도 번성하였다. 담수가 뚫고 흘러서 풍경이 수려하였으며, 인구는 20만 명이나 된다고 하였다.

11시경에 박물관을 관람하였다. 그곳에 진열된 물품들은 정성공이 대만으로 건너간 전후 300년 이래의 고적(古跡)과 보물이었다. 번인(蕃人)이 일상생활에서 사용하던 기구와 창, 검, 활, 화살, 복식(服飾), 형구(刑具) 등도 살펴보니 그 고대(古代)의 풍속을 상상할 만하였다. 12시에 삼정식당(三井食堂)에서 점심을 먹은 뒤 다시 차를 40여 분 몰아 담수항(淡水港)에 이르렀다. 이 항구는 대북에

상 | 검담사.
중 | 담수항.
하 | 초산 온천.

서 대략 21킬로미터 되는 거리였다.

담수항은 일찍이 중국과 무역을 하는 중요한 항구였다. 그런데 몇십 년 이래로 조수가 차츰 줄어들고 모래톱이 들쭉날쭉해서 20톤급 이상의 선박은 출입할 수 없게 되었다. 따라서 무역의 경기가 차츰 전보다 못하여 간다고 한다. 대둔산(大屯山)이 그 북쪽에 솟아 있고 봉래산(蓬萊山)은 그 동쪽으로 둘러 있으며, 담수(淡水, 여기서는 지명이다)[2]가 그 사이에 자리 잡고 있다. 300년 전 화란인들이 세운 양관(洋舘)과 지나(支那)[3] 시대에 건축한 포대(砲臺)는 번영했던 옛날을 보는 것 같았고, 근래에는 대북 관민 중에서 유력한 자들과 함께 단체를 만들고 운동장을 설치하여 일요일에 산책하고 휴양하는 장소로 만들었다.

오후 3시에 차를 몰아 초산 온천(草山溫泉)을 거쳐서 북투 온천(北投溫泉)[4]의 팔승원(八勝園)에 도착해 유숙하였다. 지난번에 미쓰이사가 우리 일행을 초산 온천으로 초대하려 했는데, 마침 쇼와 천황 동생인 다카마쓰 노미야(高松宮) 전하가 초산에 어가를 타고 와서 하룻밤 묵는다는 보고가 있어 북투 온천으로 변경하였다. 담수에서 돌아오는 길에는 시간적인 여유가 있어 또다시 잠깐 초산의 풍경을 탐방하고 싶어, 북투 온천에 가려는 방향을 틀어 초산으로

---

2 대만에서 북서쪽으로 18킬로미터 떨어진 단수강 어귀에 있는 도시이다. 1860년에 개항하였으며, 1980년대에 상해와 홍콩, 싱가포르와의 항로가 개설되면서 더욱 발전하였다.

3 중국 본토의 다른 명칭이다. 어원은 분명하지 않지만 최초로 중국을 통일한 '진(秦)'의 음[chi'n]이 나(Cina)·틴(Thin)으로 전해졌을 것이라는 설이 유력하다.

4 MRT(Mass Rapid Transit)를 이용하면 대만에서 30분 만에 도착할 수 있어 인기가 높다. 북투 온천은 치료 효과로 유명한 북투 유황석의 산지이며, 각종 온천 시설이 집중된 대만 온천의 메카와 같은 곳이다.

옛 대만 총독부.

차를 몰고 올라갔는데, 순경이 더 가지 말라고 주의를 주었다. 아직 30분 여유가 있어 북투에서 먼저 어가를 공경히 맞이하려는 취지라 순경에게 대답하자 바로 통행을 허가했다.

빠른 속도로 고개를 내려가 산모퉁이 도는 곳에 당도했다. 그런데 갑자기 차 한 대가 올라와 거의 서로 부딪칠 뻔했다. 내가 타고 있던 차의 운전사가 서둘러 충돌을 피하려 하자, 차의 좌측 바퀴가 백 길이나 되는 낭떠러지에 반쯤이나 기울었다. 떨어질 뻔했지만 다행스럽게도 풀 넝쿨에 얽혀 떨어지지 않았다. 일행이 깜짝 놀라 차에서 내려 살펴보니 낭떠러지에 매달려 있는 위태로운 상태가 간발의 차이였다. 머리털이 바짝 서고 간담이 서늘해져 마음을 스스로 추스를 수 없었다.

인부를 급히 불러 차를 간신히 구해내고, 다시 차를 타고 북투에 당도하여 어가가 지나가는 것을 기다린 뒤 마침내 북투 온천에 도착하니 이곳이 바로 팔승원이었다. 츠쿠이 지점장 이하 너덧 사람이 먼저 와서 기다리고 있었다. 위험했던 일을 서로 말하며 온천에서 목욕하고 기념사진을 찍었으며 기생을 마주해 술잔을 잡았으니, "울다가는 다시 웃게 되고, 걱정은 남들보다 먼저 하고 즐길 일은 남들보다 늦게 한다[5]"라고 이를 만하였다. 밤이 깊어서 대북반점(臺北飯店)에 돌아와 유숙하였다.

---

5 '근심할 일은 남보다 먼저 근심하고, 즐길 일은 남보다 나중에 즐긴다'라는 뜻으로, 중국 북송(北宋) 때 범중엄(范仲淹)이 지은 「악양루기(岳陽樓記)」에 나온다.

5월 6일

각판산에 가다

오전 7시에 자동차를 타고 대북역으로 나오니 라이 나오다케 군이 미리 와서 기다리고 있었다. 남쪽으로 가는 기차로 바꾸어 타고 도원역(桃園驛)에 도착하여 기차에서 내렸다. 다시 자동차를 바꾸어 타고 대계(大溪)에 이르러서는 세 사람이 탈 수 있는 대차(臺車)[1]로 나누어 타고 대략 세 시간 만에 수류동(水流東)에 도착했다.

합명회사(合名會社)의 제다소(製茶所)를 시찰하고 점심을 대접받았다. 그때 마침 가랑비가 부슬부슬 내리고 또 술 한잔 생각나서 빗속에 산으로 올라갔다. 두 시간여 만에 각판산 정상에 이르러 훈풍관대(薰風館臺)에 들어갔다. 차로 가는 노정은 대략 80리 된다. 산이 높고 고개가 험준하였으며, 나무들이 하늘로 솟아 수레나 말이 다니기가 매우 곤란하였다.

대체로 여행자와 화물 운반은 모두 대차를 이용하였다. 먼저 2개의 궤도를 높거나 낮거나 험하거나 평평한 원래의 길에 설치했다. 그리고 대차 내부는 열차 좌탁(坐卓)[2]처럼 손님 자리가 있었는데

---

1 차체(車體)를 지지하여 차량이 레일 위로 안전하게 달리게 하는 바퀴가 달린 차이다. 차량을 철길 따라 움직이게 하고, 차틀과 차체로부터 짐을 받아 레일에 전달하며 차량의 흔들림을 줄이는 구실을 한다.
2 사람이 앉는 탁자이다.

（里六程行）〜（淡大）〜山板角（灣台）
For Kappanzan, Formosa.

상 | 각판산 풍경.
하 | 각판산 대차.

겨우 두 사람이 탈 수 있었다. 외부는 위쪽이 등나무 구조물로 덮여 있어, 그 모습이 우리나라 가마와 같았는데 해를 가려주고 비를 피할 수 있게 하였다. 아래에 설치된 쇠바퀴로 궤도를 가는 것이다. 대차를 끄는 두 사람은 앞뒤로 서서 각자 가지고 있는 몽둥이로 올라갈 때에는 앞에 있는 사람이 수레바퀴를 전진시키고, 뒤에 있는 사람은 수레바퀴를 밀었다. 대차가 내려갈 때에는 형세가 본래 저절로 구르기 때문에 도리어 너무 서둘렀다가 넘어질까 두려웠다. 몽둥이로 대차를 눌렀으나 매우 빨리 가서 썰매와 흡사했다. 완거(腕車)[3]와 같은 종류가 아니었으니[4] 그 묘한 씀씀이를 이루 다 말할 수가 없었다.

큰길 근처는 모두 언덕배기로 평평한 들이나 넓은 들판이 없지만, 나무를 베고 경작지를 개척하여 차나무를 많이 심었다. 미쓰이 합명회사(合名會社)가 부근 일대의 땅을 임차 받아서 다원(茶園)을 개척하였다. 차를 심는 면적이 해마다 불어나 현재는 해마다 30여 만 근이나 생산된다고 이른다.

각판산은 해발 약 600미터이다. 계곡이 그윽하게 깊고 경치가 아름답고 화려하였으며, 산정이 평탄하여 귀빈관과 경관(警官)의 주재소와 병원, 학교, 물품 교역소가 여기에 집중되어 있다. 먼저 주재소로 찾아가 안내를 받아 번인들의 가옥과 생활을 시찰하고, 이어서 번족 노파와 아이와 함께 기념 촬영을 하였다. 방향을 틀어 물품 교역소에 이르러 번인족이 생산한 수공품과 포목 등을 살펴보니 비록 정교한 맛은 없으나 질박하였고, 풍성함은 다른 품목보다 훨씬 뛰어났다. 그날 밤 찾아온 주재소장에게 번인족을 토벌했던 이야기와 번인족의 현재 정황을 상세히 들었다.

3　'만거(挽車)'라고도 하는데, '인력거(人力車)'를 가리킨다. '사람의 팔 힘으로 끄는 수레'라는 뜻이다.
4　인력거보다 빠르다는 뜻이다.

5월 7일

번인을 직접 만나보다

아침 일찍 일어나 밥을 먹은 뒤 귀빈관을 쭉 살펴보고, 번인 아이들이 다니는 학교를 시찰했다. 남녀 50여 명이 모두 맨발과 맨몸이었고 앞가슴만 헝겊 조각으로 가린 자가 많았다. 교사(주재소 순사를 겸무하는 사람이다)가 아이 몇 명을 지정하자 어떤 아이는 대화를 했고, 어떤 아이는 강연을 했는데, 일본말을 사용했다. 아이들이 학예품[1]과 수공품을 꺼내 보이자 일행이 아주 기이하다고 칭찬을 하고, 그들에게 약간의 필묵(筆墨)을 사라고 돈을 쥐여주고 돌아가는 길에 올랐다. 대만에서 태어난 번인족은 본래 평지에서 살았는데, 이주한 한족(漢族)에게 압박받고 산속으로 물러나 살아가고 있었다. 모두 일곱 종족이었는데, 언어나 풍속이 서로 달랐다. 모두 740여 집단으로 인구는 13만여 명이었다. 타고난 성질이 사납고 모질며 동작이 날쌔 용감하게 싸우는 것을 좋아하였다. 자신들끼리는 아주 끈끈하게 단결하고 힘을 똘똘 뭉쳐 외부에서 가해오는 모욕을 방어하였다. 어업과 수렵 생활을 하는 그들은 완전히 원시 민족과 같았다.

---

[1] 아동이나 학생들의 습자, 도화, 작문, 공작, 가사(歌辭) 등의 작품을 통틀어 일컫는다.

그중에서 한족으로 귀화한 번족[2]은 성질이 점차 온순해져 현대의 정치 체제에 동화되었는데, 각판산 주민들이 대개 이러한 부류였다. 그들의 생활상을 살펴보니 단순하고 꾸밈이 없어 세상에 대한 욕망이 없는 것 같았다. 그러나 근래에는 차츰 교화되어 생활이 조금씩 개선되자, 그 안에서 돈을 저축하여 세금을 내는 자도 있고, 의전(醫專)을 졸업해 산 위에서 개업한 자도 있었다.

9시에 대차를 타고 아래로 달려 내려가 수류동에 있는 미쓰이사에 도착하니, 삼협(三峽) 출장소장인 곤도(近藤) 씨가 대차 3대를 끌고 와서 영접해주었다. 외길에는 높고 낮은 멧부리가 첩첩이 있고 계곡이 깊숙하여 마치 중국 촉(蜀) 지역에 있는 삼협과 같았으니, 삼협이라는 이름에는 그 까닭이 있었던 것이다. 빠른 걸음으로 앵가역(鶯歌驛)에 도착하여 열차를 타고 대북반점으로 들어갔다.

오후 3시에 미쓰이사를 찾아가 홍삼 판매 상황을 상세히 들었다. 이어서 대북신용조합(臺北信用組合) 2층으로 홍삼 판매인 장청항을 찾아가 홍삼의 홍보 상태를 살펴보았다. 그러고는 방향을 틀어 첩무(捷茂)라는 약방으로 갔다. 주인이 홍삼을 꺼내 손수 인삼을 분질러 속이 흰 것을 보이면서 말하였다.

"구해 쓰려는 사람들은 이런 것을 가장 꺼립니다. 그런데 작년에 생산된 제품 중에는 살이 흰 것이 가장 많았습니다."

이어서 우메모토(梅本樓) 미쓰이사 지점장이 초대하는 연석(宴席)에 갔다. 이날 밤 우리 일행은 남대만(南臺灣) 시찰에 오르려 하였기에, 거기에 있는 사람들과 작별하는 의미로 특별히 이런 자리

---

2   교화된 번인. 특히 대만의 개화된 번족을 가리킨다.

번인.

를 마련한 것이다. 술잔과 쟁반이 어지럽게 흩어져 있고 담소를 나누는 소리가 자리 위에 떠들썩했다. 지점장 대리로 있는 이노우에 도모히로 씨는 나이가 마흔네 살이었는데 머리가 하얗게 세었으며, 나의 사촌 춘포 형도 나이가 쉰 살이었는데 수염이 다 희었다.

춘포 형이 수염을 잡고 흔들면서 기녀 한 명을 가리키며 이노우에 씨에게 말했다.

"공(公)과 나는 수염이 이처럼 희어서 비록 미인이 많으나 우리에게 눈길조차 한 번 안 줄 것이니 어쩌면 좋소."

이에 이노우에 씨가 픽 웃으면서 이런 취지를 여러 기녀에게 묻자, 기녀 하나가 곧바로 말하였다.

"그렇지 않습니다. 여름철에는 흰 것을 높이 치는 사람이 많아 한더위에 검은 머리를 가진 사람은 쓸모없답니다. 두 분 어르신께서는 염려 마십시오."

좌석에 앉은 모든 사람이 배를 움켜쥐고 껄껄 웃었다. 자리가 파할 무렵에 츠쿠이 씨가 독을 없애는 향수 한 병을 주면서 말했다.

"여기에서 남방으로 가면 더운 기운이 너무나 심해 여행하기가 곤란하고 모기의 독 또한 아주 심하니, 이 향수를 뿌리면 가려운 것과 독을 없앨 수 있습니다."

그 깊은 마음이 매우 정답고 친절하였다. 밤 9시에 남쪽으로 가는 열차를 탔고, 간바야시 구마오 주임과 장청항 씨도 동반하여 여행했다.

5월 8일
아리산 풍경

　새벽에 가의역(嘉義驛)에 도착하여 청류여관(靑柳旅館)에 들렀다. 아침밥을 먹은 뒤 점심 도시락과 차를 넣은 병을 가지고 7시에 아리산으로 올라가는 기차를 탔다. 오후 4시에 소지평(沼之平)에 도착해서는 아리산반점(阿里山飯店)에 들어갔다. 해발 9,600척[1]인 아리산은 하늘 위로 까마득히 솟아 있었다. 산중에는 홍회(紅檜)와 편백(扁柏), 향삼(香杉) 등의 나무가 많이 있었다. 천지개벽이 된 이래로 도끼나 자귀 같은 연장이 산에 반입되지 못해 천 길이나 되는 아름드리나무들이었다. 이와 같은 산림은 모두 나라의 보물창고였다.

　그 목재를 운반하기 위해 철도를 부설하였는데, 전체 길이는 45리이고 운반해 내려오는 목재는 해마다 20만 석에 달한다고 한다. 높은 고개를 휘어잡고 오르니 터널은 모두 85개소나 되었다. 수레가 터널 하나를 겨우 빠져나오면 또 다른 터널로 들어간다. 구불구불한 것이 마치 소라껍데기와 같았으며, 한 바퀴를 돌아 아래를 내려다보면 조금 전에 올라왔던 길이 곧 발아래에 있다. 두 바퀴를 돌아 올려다보면 가야 할 노선이 또 머리 위에 있다. 이와 같이 여러

---

[1]　미터법으로 환산하면 2,908미터이나 정확한 높이는 해발 2,676미터이다.

아리산.

차례를 돌아 올라가 아래 세계를 내려다보니 아득하고 까마득하게
보이는 것이 거의 태고(太古), 즉 세상이 만들어지기 전과 같아서
하늘과 땅이 다만 하나의 길일 따름이다. 황홀함은 마치 날개가 돋
아나 신선이 된 것만 같았다. 산에 올라갈 때 짙은 안개가 끼기도
하고 부슬비가 내리기도 했으며 차가운 바람도 낯을 스쳐갔다. 멀
리 위쪽을 보면 태양이 환히 비추고 있었는데, 이렇게 저렇게도 보
여 똑같은 모양이 없었다. 중간에는 정류장 일고여덟 개를 설치하
여 여객의 오르내림과 화물의 적재와 하차, 오가며 교체하는 편의
를 도모하였다. 치밀하고 교묘하게 그 장소를 설계한 것이 신인(神
人)의 공을 빼앗은 것이라 이를 만하였다.

　정상에 올라 관사에서 쉴 때에는 너무 시원한 공기가 도리어 싫
어 따스한 탕에 들어가 목욕을 하였다. 그러고서 솜옷으로 바꾸어
입고 화로를 끼고 차를 마셨다. 조금 뒤에 서풍이 잠시 불어 짙게
낀 안개가 다 걷혀 없어지자 첩첩으로 쌓인 기이한 봉우리들이 병
풍을 펼친 것 같았다. 서쪽으로는 붉은 해가 걸려 있었다. 비스듬

히 비치는 저녁 햇빛으로 그 아래 천만 봉우리의 모난 등선들이 모두 사라져 하나의 구름바다로 변해버렸다. 지금 이런 경치는 진실로 시(詩)로도 감히 표현할 수가 없고, 그림으로도 그려낼 수가 없으니 참으로 매우 기묘한 경치였다. 영림창(營林廠)[2]의 기수(技手)인 다무라 로쿠로(田村綠郎) 씨가 찾아와서 아리산에 대한 이야기를 하고 밤이 깊어서야 잠자리에 들었다.

2   대한제국 1907년부터 1910년까지 압록강과 두만강 연안의 삼림 업무를 담당하던 관아이다.

5월 9일

구니노미야의 소식을 듣다

이른 아침에 기상하니 날씨가 활짝 개고 서늘하였다. 일행과 전나무 목재가 산더미처럼 쌓여 있는 아래에서 촬영하고 아침을 먹었다. 8시 30분에 차를 타고 조금 내려와 신목(神木) 아래에서 촬영하였는데, 신목은 곧 홍회목(紅檜木)이었다. 수명은 대략 3,000년이 넘었고, 높이는 380미터쯤 되었으며 둘레는 200미터에 이르렀다. 까마득한 나무는 가지와 잎이 무성하고 푸르러 화려한 일산(日傘) 같았다. 그 모습은 위엄 있어 신(神)이 살고 있을 것만 같았다.

오후 3시에 가의역에 도착하자 저녁 더위가 여전히 사람을 피곤하게 하였다. 청류관(青柳舘)에서 먼지를 씻어내고 또 자동차를 타고 도시를 두루 구경하였는데, 이곳은 목재와 제당업(製糖業)을 하는 중심지였다. 영림소(營林所)는 시설이 완비되어 전국에서 손가락에 꼽혔고, 도시 인구는 4만 5,000여 명이라고 한다. 4시에 열차를 타고 조주(潮州)를 향해 출발하였다. 고웅(高雄)에서 1박을 할지는 의문이었다. 고웅역에서 내리니 구니노미야(久邇宮)[1] 전하가

---

1 일본은 1928년 5월 중국 본토 산동 출병 등으로 대중국 침략전쟁을 계획하면서 일왕 히로히토(裕仁)의 장인인 구니노미야 육군 대장을 육군 특별 검열사로 대만에 파견하였다. 이에 조명하(趙明河)가 5월 14일 대중시(臺中市) 대정정(大正町) 도서관 앞으로 나가 환영하는 일본인 인파 속에 묻혀 있다가 달려들어 독검(毒劍)으로 구니노미야를 찔렀다. 이때의 부상으로 구니노미야는 이듬해 1월 죽었다. 조명하는 거사 직후 현장에서 붙잡혀 순국하였다.

상 | 1957년 아리산 신목 모습.
하 | 아리산 신목의 현재 모습.

검열(檢閱)[2]이 되어 대만에 육군으로 와 있는데, 마침 이곳에 어가가 임하여서 좋은 여관을 수행원이 먼저 차지하였던 것이다. 그래서 우리는 고웅으로 들어가지 않고 다시 차를 타고 더 가서 병동반점(屛東飯店)에 투숙하였다.

앞서 고웅역에서 신사 한 명이 동승했는데, 그는 바로 대만제당회사(臺灣製糖會社)의 중역인 히라야마(平山) 씨였다. 아마노 씨와 함께 서로 이야기를 나누고 있는데, 히라야마 씨가 옷매무새를 매만지면서 우리에게 말하였다.

"다이쇼(大正) 12년(1923) 봄에 금상인 쇼와 천자가 동궁(東宮)에 계실 때 대만으로 여행 오셨습니다. 어가가 우리 회사로 찾아오신다기에 영접하려는 준비를 했습니다. 새로 쉴 만한 작은 집을 짓는데, 대나무 기둥을 사용하였죠. 그분이 오기 며칠 전에 대나무 기둥 마디에서 저절로 죽순이 나오는데 매우 푸르러서 움켜쥘 만했지요. 이 대나무는 대만의 중주(中州) 죽산군(竹山郡)이 본래 산지인데 건물을 짓기 위해 베어다가 창고에 쌓아둔 지 40여 일이 지났다고 합니다. 전하께서는 어가를 멈추고 구경하면서 아주 아름답다고 입에 침이 마르도록 칭찬하였습니다. 그 후 대나무를 기르는 데 마음을 써서 현재는 무성하게 숲을 이루었으니 진실로 황실이 번영할 상서로운 징조이지요. 청컨대 공(公)들이 멀리에서 오셨으니 이 대나무를 한번 보도록 하십시오."

일행이 감사하다고 말하면서 서로 다시 만나기를 약속하고 작별하였다.

2 군사 상태를 살피는 관직 이름이다.

5월 10일

항춘과 아란비를 구경하다

날씨가 개어 청명하였으며 훈훈한 바람이 얼굴을 스쳤다. 병동제 당회사(屛東製糖會社) 사원이 찾아왔는데, 히라야마 씨가 지목해서 보낸 사람이었다. 거쳐 가는 길은 처음에 항춘(恒春)[1]을 목적으로 자동차를 빌렸으니, 회사의 상서로운 대나무를 두루 보고 항춘으로 가려는 생각에서였다. 출발할 때 2대의 자동차에 나누어 탔는데, 안내하는 사람들이 아무 생각 없이 뒤차에 탔다. 앞차는 중국어가 통하지 않아 다만 운전사가 가는 대로 믿고 있었는데, 그는 길을 알지 못했다. 곧바로 항춘으로 향하는 지름길을 달려 앞서 갔다. 뒤차는 갈림길에 이르러서야 비로소 앞차가 길을 잘못 들었음을 알았지만 쫓아와도 따라잡지 못했다. 앞차로 대략 40분쯤 가자 앞에 시냇물 하나가 가로질러 있는데 다리가 없어 차를 몰아 물을 건너려 했다. 그렇지만 차는 무겁고 모래는 깊어서 바퀴가 한복판에 빠졌으니 가위 진퇴유곡(進退維谷)이었다.

물소 두 마리를 급히 불러 빠진 차를 끌어서 육지로 꺼내려고 했다.

---

1 대만의 최남단에 있는 도시로 고웅시 남쪽 100킬로미터 지점에 위치하며, 남중국해에 면한다. 1875년에 낭당이라고 하여 성벽을 축조하고, 현성(縣城)을 건설한 것이 취락의 시작이다. 현재 대만의 유일한 성곽 도시이며, 부근의 간정(墾丁)에는 임산물시험소의 열대식물원과 북쪽 25킬로미터 지점에는 온천장인 사중계(四重溪)가 있다.

그러나 기름통이 물에 젖어 꼼짝할 수 없었다. 어쩔 줄 모르던 차에 뒤차가 쫓아와서 말했다.

"이 앞차는 지름길로 잘못 들어선 지 한참 되었으니 돌릴 수가 없습니다."

그러니 한편으로는 상서로운 대나무를 못 본 것이 유감스러웠고, 다른 한편으로는 히라야마 씨에게 신의(信義)를 잃게 된 것이 여한(餘恨)이었다. 서로 허위 탄식을 하면서 다시 다른 차로 바꾸어 타고 항춘으로 빨리 달렸다. 도로는 평탄하고 가로수가 무성하였다. 처음에는 군용 목적으로 이 길을 개통하였다고 한다. 탄탄한 길에 길게 뻗은 숲을 차가 화살처럼 빨리 달리자, 길가의 전야(田野)에 파초 열매와 파인애플, 사탕수수 등이 서로 잇달았다. 벼는 누렇게 익어서 벌써 베는 자들이 있었다.

오후 2시에 항춘에 도착했는데, 항춘의 남대(南臺)였다. 이 도시 인구는 1만여 명이라고 하였다. 대만제당회사의 출장소에 들어가 점심밥을 먹었다. 이때 날씨가 후끈후끈 쩌댔고 도로는 길고 멀어서 사람들은 이미 더위에 피곤해 있었다. 오랫동안 지루하게 차를 탔기 때문이기도 하다. 아란비(鵝鸞鼻)[2]로 가는 노정을 물으니 어떤 이가 말하기를 "차로 왕복하려면 네 시간이 필요합니다" 하고,

2 대만 병동현(屛東縣)의 최남단에 있는 곳으로 '올루안피' 혹은 '엘루안비(Eluanbi)'라고도 한다. 지형적으로 루손 해협에 뾰족한 모양으로 좁고 길게 내밀고 있다. 올루안피는 이 지역 원주민의 언어로 '범선(帆船)'이라는 뜻이다. 이곳에 올루안피 등대가 있는데, 중국 청나라 때인 1888년에 이 지역 앞바다를 지나는 선박들의 길잡이 역할을 하도록 영국 건축가에게 의뢰하여 세운 등대이다. 그 후 대만을 식민 지배하던 일본이 폭탄을 맞아 심각하게 훼손된 등대를 1910년에 복구하였다. 현재는 등대로서의 기능보다는 역사적 기념물로서의 의미가 더 크다. 이 지역 원주민들의 빈번한 습격에 대비하기 위해 군사장비로 무장한 세계에서 유일한 등대라는 것도 특징이다.

상 | 중 | 아란비 등대의 현재 모습.
하 | 항춘의 고성.

어떤 이는 "여섯 시간이 필요하지요"라고 말하였다. 일행 중 의견이 다른 사람도 있었다.

"만약 아란비에 도착하면 늦은 시간일 텐데, 도중에는 잘 만한 곳이 없습니다. 또 도중에 비라도 만나면 찻길이 여름이 지나도록 막혀서 낭패를 당하게 될 것입니다. 가던 길을 멈추고 왔던 길로 되돌아가는 것이 상책입니다."

이러쿵저러쿵 말이 많아 결정을 내리지 못하고 있는데, 마침 아란비에서 온 사람이 있어 그에게 자세한 노정을 물었다.

"여기서부터는 가고 오는 데에 세 시간이 넘지 않소."

그래서 차를 몰고 가기로 결정하고 아란비로 가는 길에 올랐다.

아란비는 대만 땅 남쪽 끝에 있는데 매우 뾰족한 곳이어서 삼면이 큰 바다였다. 남쪽은 여송(呂宋)[3]으로 통하였고, 동쪽으로는 일본과 연결되었으며 서쪽으로는 하문과 접하고 있다. 높은 데 올라 바다를 바라보니 새까만 조수가 출렁거려 두려운 생각이 들었다. 그러나 무선전신소를 관람하고 이어서 등대에 올랐다. 이 등대는 청(淸)나라 조정(朝廷) 광서(光緖) 8년에 여러 나라의 권고로 건설한 것이다. 높이는 약 18미터이고, 해변에서 55미터쯤 솟구친 높은 등대로 20해리 밖까지 비출 수 있다고 하였다. 기념 촬영을 하고 곧바로 차를 돌려 항춘을 지나 조주에 이르렀다. 기차를 바꿔 타고 고웅에 도착하여 오처관(吾妻館)에 들어가니 이미 밤 10시였다. 온종일 차를 타고 달려서 꽤 피곤하였다.

---

3 여송도(呂宋島)로 '루손'의 음역어이다. 루손 섬은 필리핀 제도의 북부에 있는, 필리핀 최대의 섬이다. .

5월 11일

고웅과 대남역 일대를 구경하다

아침 식사를 하고 나서 미쓰이사 출장소를 방문하여 사원 요시오카(吉岡) 씨의 안내를 받았다. 차를 몰고 남산(南山)으로 올라가 온 도시[1]를 내려다보니 도시는 만(灣)을 끼고 동서(東西)로 나뉘어 배치되어 있었다. 동쪽을 기후(旗後)라 하는데 본토인(本土人)들이 사는 옛날 시가지(市街地)였으며, 서쪽을 신가(新街)라 하는데 일본인들이 사는 새로운 시가지이자 주청의 소재지였다. 인구는 4만 여 명이며, 쌀과 사탕과 철제품 등의 무역액이 연간 1억 8000만 원으로 남방에서 오직 하나뿐인 좋은 항구였다. 현재는 비록 기륭에 버금가지만 새롭게 발전할 희망이 있었다.

만은 깊고 넓었으며, 물가의 벽(壁)도 튼튼하여 8,000톤급의 큰 배 10여 척도 정박할 수 있었다. 그러나 만으로 들어오는 입구가 병〔壺〕과 같아서 18여 미터에 불과하였다. 그러므로 확장 공사를 착수해 완성하면 1만 톤급 선박도 용이하게 출입할 수 있을 것이라 하였다. 거기서 증기선으로 바꾸어 타고 만 내부를 한 바퀴 돌았다. 산이 구불구불하여 자연적으로 물이 돌아 하나의 만을 이루고 있었다. 시원한 바람이 불어왔고, 경치는 매우 아름다웠다. 지금 배로

---

[1] 여기서는 고웅시를 가리킨다.

좌 | 정성공.
우 | 개산 신사 과거 모습.

유람하는 것을 어제 차를 탄 것과 비교하면 서늘함과 더위, 한가함
과 바쁨이 딴판이어서 사람에게 감회를 일으키게 하였다.

오후 1시에 기차를 타고 2시 반에 대남역(臺南驛)에 도착해 역전
의 미쓰이사 지점에 들어갔다. 점심을 먹은 뒤에 대만제당회사를
시찰하고 문묘(文廟)를 참배하였는데, 묘제(廟制)는 우리나라의 경
학원(經學院)²과 비슷했다. 그러나 예의문(禮義門)과 도덕문(道德
門) 2개의 문과 세수지(洗手池)와 문성루(文星樓) 등의 시설이 더 있
었다. 방향을 틀어 개산 신사(開山神社)에 이르렀다. 이 신사는 정성
공을 위해 만든 것이다. 정성공은 명말(明末) 때의 사람이다. 그의

2 성균관(成均館)의 별칭이다. 갑오경장 이듬해인 1895년에 칙령으로 성균관에 3년제 경학과
   (經學科)를 창설하고 신교육의 과정과 교수임명제, 학생들의 입학시험제와 졸업시험제 등
   획기적인 조치를 취하여 우리나라 고등교육 학제사상 신기원을 이룩했다. 그런데 이 성균관
   은 1911년 6월에 경학원으로 개편되어 문묘(文廟)의 제향(祭享) 및 일반 유생의 교육기관으
   로 명목만을 유지하였다. 그러다 1920년에 명륜학원(明倫學院)으로 개칭되고, 1937년에 명
   륜전문학원, 1942년에 명륜전문학교, 그러다 1946년에 성균관대학으로 부활했다.

아버지는 무역인으로 일본 규슈의 나가사키(長崎)로 건너가 일본 여인에게 장가들어 정성공을 낳았다. 그러다 아버지가 본국으로 돌아가 다시 오지 않자 그의 어머니는 어린 정성공을 데리고 명나라에 왔다가 그대로 눌러살았다. 명나라가 망할 때쯤 그는 명조의 자손을 거느리고 난리를 피해 여기에 도착했다. 앞서 거주하던 네덜란드 사람과는 함께 살 수 없어 서로 다투다가 여러 날 만에 비로소 통치 권한을 손에 쥐고 이 땅을 지배하게 되어 동평왕(東平王)으로 추봉되니, 이것이 그의 약력이다. 신사의 규모는 매우 장엄하였다. 방향을 틀어 대남 신사(臺南神社)를 참배하고 곧바로 앵천루(鶯遷樓)로 가 미쓰이사 초대연에서 술잔을 잡고 맘껏 즐겼다. 밤이 되자 역으로 나와 대북으로 향하였다.

5월 12일

마조를 기리는 행렬을 구경하다

　오전 6시에 대북역에 도착하여 철도반점으로 들어가 아침밥을 먹은 뒤에, 각 인삼 판매점을 두루 방문하여 판매 상황에 대해 이것저것 조사하였다.

　오늘은 본토 사람들이 마조(媽祖)를 신봉하여 해마다 관례로 제사지내는 날이었다. 제사에 참가한 각 상점과 여러 행렬의 한 떼가 30~40명 혹은 50~60명으로 무리지어 거리를 메워 길에 가득하였는데, 무려 수천 명이나 되었다. 어떤 이는 깃발을 들거나 창검을 잡았으며, 어떤 이는 소고(簫鼓)를 연주하거나 쇠로 된 징을 울렸다. 또 어떤 이는 춤추는 사자와 나는 용, 달리는 말 등 동물의 형상 또는 관우나 장비, 조자룡 등의 인형으로 꾸몄다. 그것들의 키는 몇 길 남짓하여 어린애들이 두려워 울면서 등을 돌리고 달아났다. 혹은 무수한 신(神)을 실은 수레를 매달고 있었다. 맨 끝에는 색칠한 큰 수레 한 대를 끌고 갔다. 수레에는 가짜로 만든 용과 학으로 장식하고 어린 기녀를 그 용의 머리와 학의 부리에 서서 춤추게 하였으니, 보는 이의 마음이 오싹해져 차마 똑바로 쳐다볼 수 없었다. 채색한 수레의 체제가 교토(京都)의 기원제일(祇園祭日)[1]에 시가지

---

[1] 일본 교토의 '기온마쓰리(祇園祭)'는 일본 3대 축제 중 하나이다.

좌 | 마조.
우 | 용산사.

를 순행하던 의식과 대략 서로 비슷했다.

　이 행사는 시내의 각 지역 사람들이 성심으로 헌납한 돈으로 마련된 것이었다. 따라서 위의 색칠한 수레의 행렬은 길었는데, 여덟아홉 대열로 시내에 뻗어 있으니 거의 몇 리나 되었다. 형형색색으로 각자 자신들의 기예를 마음껏 보여주어 마술 부리는 자가 있는 듯했으니, 참으로 기이한 구경거리라고 이를 만하였다. 방향을 틀어 용산사(龍山寺)[2]에 가서 식물원을 돌아다니며 구경하였다. 오후 5시에는 초산 온천에 있는 미쓰이사가 초대한 연회에 갔는데, 또 아주 기쁘고 즐거웠다. 밤 11시 30분에야 대북으로 돌아왔다.

2　대만에서 가장 오래된 사원이다. 녹항(鹿港, 루강)의 초입에 있는 이 사찰은 대만에서 가장 오래되고 아름답다고 하여 '대만의 자금성'이라고 부른다. 특히 각 건물의 기둥과 벽, 그리고 천장 등에 새겨진 조각이 빼어나다. 이 조각상과 함께 명물로 알려진 것은 사찰 경내에 있는 두 마리의 용상인데, 이 조각상은 삼천전 앞마당 좌우에 서서 용산사를 호위하고 있다.

5월 13일

대만의 이모저모를 기록하다

아침 7시 30분에 열차를 타고 기륭항에 도착해서는 미쓰이사 출장소에 들어가 조금 쉬었다. 11시에 호잔마루(鳳山丸)라는 배를 타고 출발해 하문으로 향하였다. 햇볕은 따스하고 바람이 살랑살랑 불어 배의 운행이 꽤나 평온하였다. 그러나 이 배의 도수량(挑水量)은 2,300여 톤에 불과하니, 구조와 설비가 요시노마루에 비하면 한참 뒤떨어졌다.

대만은 하나의 띠와 같은 해협을 사이에 두고 중국의 복건성(福建省)과 서로 접하고 있는데, 남북으로 1,000여 리이고 동서로는 400여 리였다. 타원형 같은 모습이고 조선의 면적에 비교하면 6분의 1에 불과하다. 그러나 높은 봉우리와 험준한 산이 남쪽에서 북쪽까지 종으로 관통되어 있고, 해발 3,000여 미터나 되는 산은 40여 개나 된다. 모습이 등골뼈와 같고 형세가 동서로 갈려 있으며, 서부 일대에는 평평한 들판이 펼쳐져 있고 토양은 비옥하여 산물이 풍성하였다. 인구는 420여만 명으로, 본토인이 390여만 명이고 일본인이 19만 명이며, 번인은 8,600여 명이다. 외국인 3만 5,000여 명 중 중국인이 많은 수를 차지하고 구미(歐米)[1] 사람은 매우 적다.

1   유럽인과 미국인을 함께 지칭하는 말이다.

이 뒤로도 인구는 해마다 늘어간다고 하였다.

기후는 열대 지역에 속하여서 사철이 온난하였고, 겨울철에는 간혹 서리가 내리지만 물이 어는 일은 없으며 남쪽 지역의 온도는 더욱 높았다. 다만 고산 지대는 복더위를 몰라서 고상한 맛이 남달랐다. 산업은 농업이 주가 되어, 쌀을 해마다 두 번씩 수확하는데 600여만 석이나 되어서 250여만 석을 수출하고 있으며, 감자 19억 근과 차 1900여만 근, 땅콩 50여만 근, 콩 종류가 10여만 석이었다. 이 땅의 특산물인 파초 열매는 한 해 생산이 2억 8000만 근이어서 수출하는 금액이 1300여만 원이며, 파인애플 수출액은 170만~180만 원이다. 사탕 생산액은 8억 근이고, 장뇌와 기타 임산·수산·광산 등 연간 수출 총액이 2억 6700만 원이며 수입은 1억 7000만 원이었다. 초과한 수출 금액이 1억 원에 가까웠으니 그 풍부함을 알 만하였다.

5월 14일

중국 각지에 배일 감정이 팽배해지다

아침 일찍 잠자리에서 일어났다. 자욱한 안개가 하늘에 꽉 차서 배의 운행이 매우 더디었다. 때때로 기적을 울렸으니, 다른 배들과 부딪칠까 두려워서였다. 오전 9시, 하문항에 도착하자 미쓰이 출장소장 가와카미(川上) 씨가 후쿠시마(福島)라는 사원과 함께 배 위로 방문하여 말하였다.

"일본이 산동 지역에 출병(出兵)시킨 까닭으로 중국 각지에서 일본을 배척하는 열기가 다시 일어나 하문도 위험합니다. 그러니 우선 고량서(鼓浪嶼)에 상륙해서 이야기를 나누는 것이 좋겠소."

미쓰이 증기선을 함께 타고 고량서에 정박하여 해안에 올라 미쓰이사 사택으로 들어갔다.

고량서는 하문항 내의 조그마한 섬으로 외국인이 거주했던 곳인데, 부유한 중국인들 중 피란하여 거주하는 사람이 많았다. 사택은 3층으로 된 서양식 건물로 드넓은 정원에 기이한 꽃과 이상한 풀을 많이 심어 꽤나 그윽하고 품위 있는 운치가 있었다. 점심으로는 중국요리가 나왔는데 정결하고 풍부하였다. 때때로 대포 소리가 멀리서 요란스럽게 들려서 일행은 놀라고 의아해했다. 며칠 전 북방 군함의 습격으로 교전을 했지만, 군함은 즉각 퇴각했다. 그래서 아직

상 | 하문항.
하 | 현재 고랑서 풍경.

도 경고 대포를 쏘는 것이지 실전은 아니었다. 엔화를 마다하기 때문에 짐을 풀 수 없어 하룻밤을 바다에서 정박하였다. 오후 4시경에 배로 돌아와 머물러 있다가, 그날 밤 빗속에 본국의 친구인 정제형(鄭濟亨)이 배로 와서 소산 어른[1]을 방문하였다.

[1]   손봉상을 가리킨다.

5월 15일

하문대학교와 남보타사를 구경하다

비가 잠시 내렸다 개었다 하였다. 오전 9시에 가와카미 씨가 찾아왔기에 작은 배를 저어 하문항 부두에 함께 올라가 미쓰이사로 들어갔다. 회사의 점포는 비록 오래되기는 했지만 부두의 요지를 차지하고 있었다. 정제형 씨가 먼저 와서 교자(轎子)를 준비하여 기다리고 있었다. 그와 함께 시가지를 한번 죽 훑어보고 점심을 대접하려는 것이었다. 그러나 아마노 씨와 가와카미 씨 두 사람이 시국이 위험하다며 힘을 다해서 막았다. 시내를 구경하자는 친구 정제형의 요청을 어쩔 수 없이 사양하고, 증기선을 타고 남보타사(南普陀寺)를 탐승(探勝)하였다. 도중에 중국 병영의 해군 무선전신소와 하문대학교(廈門大學校)[1]를 거쳐 절에 도착했다.

장엄하고 화려한 절의 건물과 아름다운 천석(泉石)들이 대만의 용산사와 비교할 것이 아니었다. 원당(願堂)과 별전(別殿)이 이어져 서로 마주 보고 있었으며, 편액(扁額)과 주련(柱聯)은 필법(筆法)이 힘차서 감상할 만했다. 뒷산 기슭으로 걸어 올라가니, 입구

---

1 1921년 화교 지도자인 진가경(陳嘉庚)이 설립한 학교로 중국에서 유일하게 중국 경제 특구에 위치한 국가 교육부 직속 종합 대학이다. 캠퍼스는 하문섬의 남단에 위치하고, 면적은 145.9헥타르로 산과 바다가 가까이 있어 풍경이 아름답다.

현재 남보타사 모습.

에 '별유천지(別有天地)'라는 네 글자가 써져 있었다. 한가운데가 높고 길게 굽은 모양을 한 기이한 바위가 저절로 동부(洞府, 신선이 사는 곳)를 이루고 있어서 이름과 실상이 꼭 들어맞았다. 그리고 바위 표면에는 시인들의 이름난 시구들이 새겨져 있었으니, 이 또한 하나의 기이한 구경거리였다. 돌아오는 길에 미쓰이사 사택에서 점심을 먹고 오후 4시에 배에 올랐는데, 가와카미 씨와 후쿠치(福地) 씨, 정제형 등 여러 사람이 배에서 전송해주었다.

5시에 배를 타고 출발해 산두(汕頭)로 향하였다. 하문대학교는 부지가 아주 널찍하였다. 강당, 도서관, 구락부, 기숙사, 교원 사택 등의 건물이 즐비하였다. 여러 층의 석조 건물들은 색깔 있는 기와 지붕이었는데 찬란한 광채가 났다. 내부 설비는 보지 못했다. 다만 그 건설 약력을 들은바, 그곳의 한 청년[2]이 맨손으로 싱가포르로 건너가 20여 년간 상업(商業)을 경영한 끝에 거부(巨富)가 되어 400여만 원이라는 거액을 투자해 이 학교를 설립했다 하니, 듣는 사람들을 탄복하게 만들었다. 이곳에서 생산하는 인주(印朱)는 천하에 으뜸이었다. 그러므로 춘포 형이 한 갑을 사서 행낭에 넣어두었다.

2 싱가포르의 화교 실업가인 진가경(陳嘉庚, 1874~1961)을 가리킨다. 1913년 고향에 집미사범학교(集美師範學校)를 설립하였고, 1922년 하문대학을 설립하였다.

5월 16일

안전상의 이유로 배에서 머물다

아침 6시, 산두항(汕頭港)에 도착하자 비가 쏟아졌다. 미쓰이사 사원 오타(太田) 씨가 배로 찾아와 말하였다.

"겉으로 보기에는 특별히 일본을 배척하는 폭동이 없기는 하나 국민당(國民黨)의 지당부(支黨部)가 날마다 위원회를 열어 일본을 배척하기 위한 방침을 협의한다고 합니다. 그렇다면 반드시 변화가 일어날 조짐이 있는 것입니다. 그러니 꼭 상륙할 필요가 없습니다."

게다가 비바람도 그치지 않아 하루 종일 배 위에서 왔다 갔다 하면서 상인을 불러들여 이 지역 산물인 마직물과 '조산철로예정지도

옛 산두항.

현재 산두항 야경.

(潮汕鐵路豫定地圖)'를 샀다. 조주는 한문공(韓文公)의 옛 사당이 있는 곳으로 여기에서 거리가 멀지 않다고는 하나 형세가 위태로워 갈 수가 없었으니, 이 또한 유감스러운 일이었다. 오후 5시에 배로 출발해 홍콩으로 향하였다.

5월 17일

홍콩에 도착하다

아침 비가 부슬부슬 내렸다. 오전 10시, 홍콩에 도착하니 미쓰이 물산 잡화부 주임 오타 씨와 후쿠시마 씨가 부두에 마중 나왔다. 차를 타고 송원여관(松原旅館)이라는 곳에 들어가 점심을 먹고 미쓰이 양행(洋行)을 방문하여 찾아온 뜻을 알렸다. 이어 차를 타고 산꼭대기로 올라갔다. 그러나 마침 몰려온 짙은 안개가 온 항구를 가려 조망할 수 없어서, 등산전차(登山電車)로 바꾸어 타고 여관으로 돌아왔다. 밤에 후쿠시마 씨와 함께 도시 야경을 구경하고 천세루(千歲樓)에 올라 유곽(遊廓)을 보고 나서, 다시 청풍루(淸風樓)로 향하여 술 한잔 마시고 관사로 돌아오니 어느새 새벽 이점(二点)을 알리는 종이 울렸다.

5월 18일

기녀가 부족해서 추첨을 하다

바야흐로 아침밥을 내오려고 할 때 미쓰이사 상해지점 사원인 나카무라(中村) 씨가 찾아왔다. 나카무라 씨는 홍삼 판로를 시찰할 목적으로 남양제도(南洋諸島)[1], 싱가포르, 방콕 등 홍삼을 새로이 필요로 하는 지역에 가려고 하였다. 일찍이 와서 개척한 옛 인연이 있었으므로 모두 친숙하여 기꺼이 악수하면서 오랫동안 떨어져 지낸 일을 이야기하였다.

오후 1시에 미쓰이 지점장이 향항반점(香港飯店)으로 초대하여 함께 갔다. 점심밥을 먹은 후 순태(順泰), 행리(行利), 원장(源長) 등 홍삼 판매점을 두루 찾아 판매 상황과 수요 관계를 모두 알아보았다. 돌아오는 길에는 시내를 쭉 구경하고 청풍루에 이르니 또 미쓰이사의 만찬이 있었다. 음식이 풍성하고 정갈하여 밤이 늦는 것도 잊을 정도로 잔치를 즐기다 기념사진을 찍고 돌아왔다. 이 모임에는 주인과 손님 다 합쳐 8명인데 기녀는 7명이었다. 기녀들은 예쁘고 못생기고 살지고 깡말라 모습이 제각기 달랐다. 만취해서 크게 웃다가 나카야(中天野) 씨가 이내 말하였다.

---

1 오스트레일리아 근해에 흩어져 있는 현재의 북마리아나 제도, 팔라우, 미크로네시아 등의 섬을 이른다.

"오늘 밤 모임에서는 술을 마시며 즐기십시다! 술 마시라는 명령을 행할 때에는 반드시 한 사람 앞에 기녀 한 명이 마주하여 권하되 각자 마음대로 하시어 행동이 같지 않아도 됩니다. 우선 기녀 한 명이 부족한 아쉬움이 있기에 심지를 뽑아 꽝을 잡은 사람은 홀로 앉아서 술을 먹게 하는 편이 낫겠습니다. 이 또한 운수에 맡겨야 하지 않겠습니까? 여러분의 뜻은 어떻습니까?"

이에 모두 "찬성!"이라고 말하였다. 기녀의 이름 일곱 장을 쓰고 꽝은 한 장을 두어 각자 제비를 뽑고 보니 내 사촌 춘포 형이 꽝을 뽑았다. 기녀들이 약속대로 나누어 앉자 온 좌석의 사람들이 껄껄대고 웃었다. 오타 씨가 말하였다.

"멀리에서 오신 고상한 객을 이처럼 대우하는 것은 우리 회사에서 손님을 공경하는 본래 뜻이 아닙니다."

곧바로 심부름하는 여자에게 기생 한 명을 더 데려오게 명령하였다. 기생은 16세였는데, 백발노인과 미인이 가장 기발한 짝이 되니 자리에 있는 모든 사람이 배를 움켜잡고 껄껄 웃었다.

5월 19일

남당주루에 오르다

    나카무라 씨가 남양(南洋)으로 출발하는 것을 전송하였다. 이어서 의순(義順)과 태동(泰同), 태인(泰仁) 등의 인삼 상인을 방문하였는데 모두 미쓰이사가 지정한 판매인이었다. 홍삼과 각국 인삼 매매의 수급 가격 등 실제 상황을 열심히 듣고 돌아오는 길에 남당주루(南唐酒樓)에 올라갔다. 이 9층 건물은 승강기로 손님을 인도했는데 널찍한 건물과 화려한 잔칫상은 이루 다 말할 수 없었다. 요리를 내오자 어물과 채소, 고기와 떡의 색깔이 아주 산뜻하고 맑았다. 맛은 매우 담백하여 도리어 북방에서의 느끼하고 농후(濃厚)한 맛보다 나았는데 광동(廣東) 요리법이 이와 같았다. 중국인이 하는 말 중에는 "소주(蘇州)에서 태어나서 강주(江州)에서 옷을 입으며, 광동에서 밥을 먹고 유주(柳州)에서 죽는다"가 있다. 이 말은 우리나라의 "살아서는 용인(龍仁)에서 살고, 죽어서는 장단(長湍)에 있어야 한다"는 말과 비슷하다. 돌아오는 길에 선시공사(先施公司)에서 약간의 토산품을 사고 돌아와 잤다.

5월 20일

마카오에 도착하다

　구름이 끼고 비가 내렸다. 아침 6시에 기상해 아침을 먹고 후쿠시마 씨의 안내를 받아 8시 30분에 윤선(輪船)에 탑승하고 마카오를 향해 출발하여 같은 날 12시 30분에 도착하였다. 육지에 올라 자동차를 몰며 시가지를 쭉 구경하고 오원(娛園)[1]으로 들어갔다. 오원 안은 소나무와 대나무가 무성히 그늘을 드리우고 있었다. 뜰에는 석가산(石假山)이 있는데, 푸른 이끼가 여기저기 긴 하나의 삿갓만 한 작은 정자와 몇 개의 서까래로 된 가옥이 아름다운 그늘과 기이한 돌 사이에 잇달아 배치되어 있었다. 그윽하고 전아한 풍경이 모두 춘하추동 사시를 완상하는 데 적합하다 생각해보았다. 못물에 가득 찬 연꽃이 한창 활짝 핀 것을 보니 공원의 주인이 속세에서 벗어난 생각을 갖고 있다는 것을 알 수 있었다. 공원 주인은 중국인 나림옥(羅林玉)이라 한다. 소산 어른이 나에게 말하였다.

1　현재 마카오 노원(盧園)을 가리킨다. 중국의 특별행정구인 마카오의 나리로마로(羅利老馬路)와 하란원마로(荷蘭園馬路)가 교차하는 곳에 있다. 마카오의 부상(富商)인 노화소(盧華紹)가 용전촌(龍田村)의 매입한 농경지에 그의 아들 노렴약(盧廉若)이 정원을 축조하여 1925년 완공하였다. 노원은 '노씨 집안의 정원'이라는 뜻으로 '노가화원(盧家花園)' 또는 '노구화원(盧九花園)'이라고도 하며, '오원'이라 불리기도 하였다. 홍콩과 마카오 지역에서 유일하게 소주원림(蘇州園林)의 풍격에 따라 축조된 정원으로, 20세기 초에 월극(粤劇)과 경극(京劇) 등을 공연하여 널리 알려졌다. 우뚝 솟은 가산(假山)과 날아내리는 폭포, 졸졸 흐르는 시냇물이 조성되어 있으며 구불구불 길게 뻗은 다리는 낭하로 이어진다.

마카오 유원.

"일찍이 내가 소주(蘇州)의 유원(遊園)을 구경했는데, 이제 나원(羅園)이라는 공원도 이와 같소."

몹시 부러운 마음이 계속 들었다. 또 이리저리 구불구불 나 있는, 소나무가 우거진 산길을 차로 지나는데, 갑자기 귀를 찌르는 매미 소리가 들렸다. 기후가 일찍 찾아왔다는 것을 알 수 있었다. 방향을 틀어서 옛날 성터 아래에 도착하여 건물의 옛 자취를 관람하였다. 이 건물은 서력(西曆) 1602년에 네덜란드인이 건축한 절이었다. 그곳 돌문에 남아 있는 벽에는 아직도 서력 몇 년에 지어졌다는 글자가 새겨져 있었다.

또 방향을 틀어 순태의 은패(銀牌)란 곳에서 도박하는 광경을 구경하였다. 2층짜리 건물로 그 가운데가 뻥 뚫려서 볼 수 있는데. 패를 쥔 자는 아래층에, 돈을 거는 자는 위층에 위치한다. 돈을 거는 자가 일이삼사(一二三四) 숫자로 종이에 쓰는데, 거기에 판돈이 얼마인지 적어서 싼다. 돈을 넣은 그릇을 긴 노끈에 매어 아래로 내려주면 패를 쥔 사람이 받아서 그릇을 열어 호수(號數)를 기록하고 엽전을 한 움큼 쥐어 사람들이 보는 앞에 쌓아놓는다. 그 뒤 쇠막대의 뾰족한 곳으로 엽전의 구멍으로 넣어 들어올려 큰소리로 부르짖으며 네 개씩 빼다가 뺄 숫자가 없게 될 때 승부가 결정된다. 가령 1원을 던져서 이기게 되면 거기서 얻는 것이 3원 70전이니, 소득이 2원 70전이었다. 내가 잠시 보기에는 별로 신기한 것이 없으나, 많은 동서양 남녀가 이 놀이를 하고 있으니 한바탕 웃을 만하였다.

대개 마카오와 광동의 입구는 네덜란드인들이 처음에 동양으로 와서 무역을 하려고 거주하던 곳이었다. 오늘날에는 네덜란드의 영토가 되었으나, 할양(割讓)한다는 계약이 없었으니 임시로 사람들이 섞여서 살게 되었다. 그러나 그 상업의 상황은 볼 만한 것이 없어서, 한 해 들어오는 세입 중 도박세가 많은 부분을 차지한다고 한다. 다만 시내가 깨끗하고 도로가 완전해 주택이나 유원으로 알맞았다. 그곳의 현재 인구는 대략 10만 명쯤이라고 한다.

오후 3시 30분에 돌아와서 윤선을 타고 홍콩 어귀에 도착하니 시간은 7시 20분경이었다. 100만 개나 되는 많은 전등이 10리 지역을 환히 비춰 홍콩은 등불의 바다로 변하고, 구룡(九龍)은 불야성을 이루었다. 이와 같은 기이한 경치는 진실로 평생에 처음 보는 것이었다. 관사로 돌아오자 소산 어른이 체기 때문에 몸이 좋지 않아 의원을 불러 진찰하게 하고 약을 가져다드렸다.

5월 21일

비 내리는 시내를 구경하다

구름이 꼈다. 소산 어른은 아직 병이 쾌차하지 못해 조용히 누워 몸조리하고 있었다. 하늘에서 또 비가 내렸다. 나는 매우 심심하여 오후 2시경에 후쿠시마 씨와 함께 시내로 나가 각 점포를 둘러보고 돌아왔다.

5월 22일

섬을 두루 구경하다

날씨가 청명하였다. 아침밥을 먹은 뒤 후쿠시마 씨와 함께 온 섬을 두루 다니면서 구경했는데, 총 소요된 시간이 2시간 30분가량이었다. 지나온 길은 모두 시멘트로 포장되어 한 점 티끌도 없이 매끄럽고 평탄하였다. 차가 멈추어도 바퀴 자국이 남지 않고 바퀴 구르는 소리도 나지 않아, 마치 기름판에서 저절로 흘러가는 것 같았다. 1년에 도로를 수선하는 비용이 수백만 원이나 든다고 하였으니, 영국인들이 나라를 경영하고 생명을 보호하는 방도가 이것으로 짐작할 만하였다. 저녁을 먹은 뒤 미쓰이사의 조그마한 증기선을 타고 항구 안을 순회하면서 야경을 구경하였다. 10시 30분에 서안호(瑞安號)로 바꾸어 타고 광동으로 출발하였고, 오타 주임도 함께 가게 되었다. 이날 밤에 무더위가 혹독하여 땀이 끈적끈적한 즙처럼 나서 몸과 마음이 괴로워 잠을 설쳤다.

<h1>5월 23일</h1>

<h2>손문의 유적을 방문하다</h2>

아침 6시 30분경, 서강(西江) 부두에 도착했는데 홍콩과의 거리
는 대체로 보아 90여 리였다. 거슬러 올라가는 데 대략 여덟 시간
이 걸렸다. 자동차를 타고 영국 조차지인 사면(沙面)의 미쓰이사
지점에 들어가자 지점장인 야마사키 가메노스케(山崎龜之助) 씨가
나와 맞아주면서 말하였다.

"광동은 요사이 일본을 배척하는 것으로 인해 아주 많이 위험합
니다. 여러분이 멀리서 오셨는데 매우 유감스럽습니다만, 조심하시
어 함부로 시찰하지 마시고, 부디 자중하시길 바랍니다."

일행은 이 말을 듣고 서로 돌아보고 놀라면서 괴이하게 여겼다.
이에 배를 타고 순회하며 멀리서 시가를 바라보았다. 시가는 주강
(珠江)과 서강의 주요 요충지를 끼고 있었다. 인구는 200여만 명이
고 온갖 재화가 집중되어 그전에는 양광 총독부의 소재지가 되었
으며, 현재는 광동성의 수부(首府)로 위원제를 채용하고 있었으니,
참으로 중화의 신혁명 발생지가 될 만하였다.

국민당 총리 손문(孫文)[1]은 호가 중산(中山)으로, 남쪽 지방에서

---

1 자는 일선(逸仙). 중국 혁명의 선도자와 정치가로 공화제를 창시하였다. 그의 정치는 삼민주
   의로 대표된다. 대한민국 임시정부를 지원한 공으로 건국훈장 대한민국장이 추서되었고, 저
   서로는 『삼민주의』가 있다.

좌 | 손문.
우 | 장개석.

궐기해 혁명에 몸담은 40년 동안 청조(淸朝)를 무너뜨리고 장차 일
을 성공시키려 하였다. 그러나 군벌(軍閥)에게 가로막히자 이곳으
로 물러나와 살면서 젊은 청년들을 교육해 혁명에 종사하는 군관으
로 양성하여 삼민주의(三民主義)를 고취하였다. 삼민주의란 민족
(民族)·민권(民權)·민생(民生)을 이른다. 그는 제국주의를 타도하
고 불평등조약을 철폐해 혁명을 이루겠다는 것을 앞세웠으니, 중국
천하가 향응(響應)하였다. 그런데 손문 세력이 북쪽으로 청나라를
정벌하려고 할 때 당내에서 북벌은 시기상조라는 다른 논의들이 표
명되었다. 하지만 손문은 오히려 여론을 무시하고 북경으로 들어가
북방의 군벌과 의견을 절충하여 전쟁을 하지 않고 삼민주의를 시행
하려고 하였다. 그러나 불행하게도 오래 살지 못하고 도중에 죽게
되니 중국 혁명이 얼마나 위급했겠는가! 그의 뛰어난 제자인 장개
석(蔣介石)[2]이 손문의 유훈(遺訓)을 이어받아 북벌 군대를 일으켜

2　중화민국의 군인이자 정치가이며 국민당 정부 때의 총통으로, 이름은 중정(中正)이다. 서안
　(西安) 사건과 노구교(盧溝橋) 사건을 계기로 제2차 국공합작(國共合作)을 성립시켜 항일전
　(抗日戰)을 전개하지만, 1945년 일본 패망 후 벌어진 전면적 국공내전에서 패배해 같은 해
　12월 대만으로 정부를 옮겼다. 중화민국 총통 겸 국민당 총재로 대만을 지배했다.

몇 달이 채 되지 않아 호남(湖南)과 호북(湖北) 지역을 격파하고 마침내 무한(武漢) 지역을 손에 얻게 되었다. 다시 복건성과 절강성(浙江省), 강소성(江蘇省) 같은 여러 성을 침공하고 상해를 빼앗았으며 남경(南京)을 함락했다. 파죽지세로 승승장구하는 것이 날마다 신문에 났으니 북경의 함락이 다만 얼마 남지 않았다.

도리어 우리 일행은 이런 때에 이곳 백운산(白雲山) 아래에서 손문 대원수(大元帥)가 당시에 살던 건물을 관람하고 국민당 본부를 바라보니 감회가 없을 수 없었다. 강 위에는 선박이 많았다. 유람선은 내부 장식이 매우 화려하여 재자가인(才子佳人)이 마음대로 머물러 있으면서 돌아가기를 잊었다. 강물이 굽어 도는 곳에는 배들이 이어져 있어서 몇천 척이나 되는지 알 수 없었다. 이것은 곧 배 위에서 생활하는 자의 규모를 말하는 것인데, 그 차지하는 인구가 20만 명에 이른다고 하였다. 더러는 젊은 아낙이 노를 저었고, 더러는 아이들이 박통을 허리에 걸고 있었는데 이는 물에 떨어졌을 때 빠지지 않게 하려는 뜻이었다. 여러 배의 광경과 형상이 다양한 볼거리를 제공하여 사람들을 웃게 만들었다. 그러나 우리나라에 사는 내가 노 하나를 저어 멀리 왔는데도 실컷 실경(實境)을 보지 못하고 대충 윤곽만을 살펴보았으니, 일찍이 수박 겉핥기를 하는 것과 같은 탄식이 없지 않았다.

사면으로 돌아와 점심을 먹고, 홍삼 판로에 대해 앉아서 이야기를 나누었다. 혹은 광동 지역의 특산물을 사기도 하고 기념 촬영을 하면서 억지로 시간을 때우다가 오후 6시경에 돌아오는 서안호(瑞安號)를 타고 11시에 홍콩으로 돌아왔다. 배의 운행이 대략 다섯 시

상 | 루이 필리프 비슈부아(Louis Philippe Bichebois), 「중국 광주 신(新)거리」, 에칭, 1836년. 오스트레일리아 국립도서관
　　소장.
하 | 현재 사면의 거리.

간쯤 걸렸다. 배가 거슬러 올라가는 것은 더디고 아래로 내려오는 것은 빠르니 차이가 많이 났다. 중국인의 배에 대포를 거치하고 있는 것이 많아 의아해서 묻자, 강 위에는 해적이 많아 대포를 설치해서 제압하려는 것이라고 한다. 그 국경을 경비하는 것이 완벽하지 못하다는 것을 짐작할 수 있었다.

이른바 사면[3]은 영국인의 조차지로 외국인이 많이 거주한다. 시내의 동남쪽 모퉁이를 점유하고 있어서 동서로 겨우 480여 칸, 남북으로 100여 칸밖에 안 되는 조그마한 구역이었다. 시내와 접하고 있는 곳에는 굴을 뚫어서 물을 대고 있었다. 그곳에는 철조망을 둘러치고 그 안을 드나드는 입구에 군인과 경찰이 교대로 중국인의 무단출입을 허락지 않았다. 이것은 참으로 중국의 치욕이요, 광동 지역에 난 혹과 같은 것이었다. 그래서 지난해에는 사면을 포격하는 사건이 있었다. 이제 그 실상을 보니 가슴을 찌르는 감회를 금할 수가 없었다.

---

3   중국 광동성 광주(廣州) 여만구(茘灣區)에 있는 섬으로 19세기 말부터 20세기 초까지의 건축물이 밀집해 있다. 면적이 0.3제곱킬로미터의 작은 섬이지만, 중국 근대사에서 빼놓을 수 없는 지역이다. 청나라 중후기에 통상 수교 거부정책을 실시하여 금해령(禁海令)이 떨어졌는데, 서양인과 유일하게 통상할 수 있는 항구가 바로 사면이었다.

5월 24일

더위에 고생하다

더위가 더욱 기승을 부려 선풍기는 밤인데도 멈추지 않았다. 춘포 형은 무더위로 땀을 흘려 등에 땀띠가 가득했다. 귀국할 배의 출발 날짜는 29일로 멀찌감치 잡혀 있었다. 그로 인해 무료한 데다 더위에 지쳐, 답답하게 오래 머물러야 하는 것을 한탄했다.

5월 25일

구룡시에 가다

날씨가 청명하였다. 오전 11시쯤에 아마노 씨와 이토 씨 두 사람과 함께 연락선을 타고 구룡시로 건너가니, 이 지역 또한 영국의 조차지였다. 배로 건너가는 시간은 겨우 7~8분 걸렸다. 곧바로 자동차를 타고 구룡을 한 바퀴 도는 데 대략 세 시간 걸렸다. 비록 명승고적은 없으나 높고 낮은 봉우리들이 수려하였고 나무들은 울창하였으며, 항구는 활처럼 굽은 곳이 많았다. 해수면은 잔잔하여 상업 항구로 적합하다고 할 수 있었다. 저물녘에 구룡다루(九龍茶樓)에 올라 다과를 먹고 강을 건너서 돌아왔다.

5월 26일

연회에 초대받다

잠시 비가 내렸다 개었다 하니, 더위와 습기가 번갈아 들이쳐서 시간을 어떻게 때울 수가 없었다. 오후 7시, 지점장이 사택에 초대하는 연회에 참석했다. 사택은 높은 봉우리와 낮은 봉우리 중간 지점에 있었고, 길은 나선형으로 닦여 있었다. 자동차로 빙빙 돌아 중턱에 이르러서는 멈추고 한참 걸어 사택에 도착하였다. 3층 양옥은 사치스럽고 화려했다. 주인은 공교롭게도 선병(線病)[1]에 걸려 조용히 누워 있어야 하였다. 그 대신에 부인이 손님을 대접하였는데, 주인을 포함하여 모두 12명이었다. 서양의 풍습에서는 잔치를 할 때 참석한 사람 수가 13인 것을 불미스럽게 여긴다. 그래서 부인은 사양하고 참석하지 않아 손님이 주인이 되었다고 이를 만하였다. 각자 마음대로 실컷 술을 마셨으며, 호탕하게 이야기하고 미친 듯이 노래 부르며 한바탕 질탕하게 놀았다. 밤이 깊어서야 파하고 돌아갈 때 주인이 은제 담뱃갑으로 자신의 친절한 뜻을 표하여 사람들을 감동시켰다.

---

[1] 결핵균에 의하여 피부에 통증이 없는 결절이나 궤양이 생기는 병이다.

5월 27일

아편을 피우다

비가 내리기도 하고 혹은 해가 뜨기도 하다가, 밤이 되자 비가 쏟아붓듯 내렸다. 중국인 홍삼 특약 판매자 연합이 연회에 초대하여, 불야성인 시가를 지나 금릉주루(金陵酒樓)라는 술집에 도착하였다.

금릉주루는 서양식으로 새로 지은 건물이다. 내부 치장은 순전히 화류목(花柳木)만을 사용했다. 한 칸에 20명을 수용하였으며, 중국의 18성으로 이름을 붙였으니 절강루(浙江樓)라거나 호북루(湖北樓)와 같은 것이었다. 각 누의 내부에는 아편 피우는 대를 설치했다. 가운데에는 등불을 하나 켜놓고, 좌우로 마주 누워 흡연하는 대로 물건을 대주었는데, 그 진액은 공짜였다. 처음 보고 깜짝 놀랐다. 이때 나는 더위와 습기로 소화불량에 걸려 시험 삼아 두 차례 흡연했으나 그다지 효과를 느낄 수 없었다. 대개 이 독성 물질은 중국으로 흘러 들어와 피해를 주어 나라 형편이 위태로운 데까지 이르게 했다. 근래에 중국 정부가 아편을 엄금했으나 홍콩은 영국령이었다. 그래서 아편 피우는 것을 이처럼 개방하였으니 참으로 가히 개탄할 만한 것이었다.

연회가 열리자 각각의 사람 앞에 그릇을 하나씩 바쳤으니, 이것이 바로 중국식으로 하는 최고의 경의(敬意)였다. 술잔을 들어 서

煙狗

煙為流行中國數華人之嗜事者
乙為外人一竹之耆凡大本洋界中者
淪列者曾令則概吠犬多耳樂之
著長目中故香藝煙館有其式婦
摘口毛哈泥狗則躍逼躍狗婦樓
伏婦大嗜摘下坑枚少須婦至
摘上煙時下時雜躍躍狗口
飲飽說該喷直至五次
歇止婦既過躍狗王一
擅下摘尾躍而立天
下事之無奇不有

「점석재화보(點石齋畫報)」 1896년 5월 17일 자에 실린 아편 피우는 모습.

로 권하며 정성을 다하고 밤 11시까지 실컷 즐기다 흩어졌다. 대만에서부터 이 연회까지 중국 기녀들은 때때로 술자리에 들어와 한쪽 구석에 따로 앉아 노래 부르거나 악기를 탔을 뿐 술을 권하거나 손님을 접대하는 일은 없었다. 그리고 또 불시에 기생들이 자리를 바꾸기도 하였는데, 그다지 곱지 않았으며 악기를 타고 노래를 하는 자리도 떠들썩해서 격조가 높지는 못했다. 다만 수박씨를 까고 아편을 끓이는 민첩함은 칭찬할 만한 것이었다.

5월 28일

귀국에 앞서 직원들에게 술을 사다

날씨가 맑고 상쾌하였다. 기온이 내려가 시원함이 한결 더해 대단히 기분이 좋았다. 밤에 미쓰이사 사원 예닐곱을 청풍루에 초청하였다. 우리 일행이 홍콩에 묵은 10여 일 동안 안내하고 연회도 열어준 사람들이었다. 이렇듯 여러 사람의 후의를 많이 받았는데, 내일이면 귀국길에 오를 예정이다. 그래서 그들의 수고에 보답하고 이별을 애석하는 의미를 겸하여 술 한잔을 베풀게 된 것이다. 술잔을 잡고 한껏 기뻐하다가 11시에 관사로 돌아왔다.

5월 29일

타이요마루에 승선하다

이른 아침부터 많은 비가 사납게 쏟아졌다. 소산 어른과 아마노 씨를 따라 사택에 가서 아베(阿部) 지점장에게 작별을 고하였다. 아베 씨는 어제 절개 수술을 받고 누워 있어서 사람을 접대할 수가 없었다. 그래서 명함을 남겨놓고 물러나, 방향을 틀어 미쓰이사에 들러 여러 사람에게 작별을 고하였다. 빗속에 잔교에 이르니 오타와 후쿠시마 두 사람이 부두까지 나와 전송해주었다. 작은 증기선을 함께 타고 타이요마루(大洋丸)의 배 위에 올라서는 무릎을 맞대고 마주 앉아 술 한잔 권하고, 여러 날 수고 끼친 것을 감사하였다. 두 사람이 이별을 고하고 배에서 내려 뱃머리를 슬프게 바라보니, 문득 부평초처럼 이리저리 떠돌다가 만나 헤어지는 회포를 금할 수가 없었다.

12시경에 배가 움직이기 시작하였다. 북쪽으로 달려간 지 얼마 안 되어 홍콩의 여러 산봉우리는 이미 구름과 안개가 뿌옇게 낀 사이로 사라져갔으니 또 하나의 서글픈 일이었다. 홍콩은 면적이 48 제곱킬로미터에 불과하고, 둘레는 겨우 44킬로미터쯤 되었다. 지금부터 대략 70년 전에 일어난 아편전쟁(阿片戰爭)의 결과로 전쟁에서 진 청나라가 배상의 대가로 영국에 그 땅을 영구히 점하도록 할양하였다. 그다음에는 의화단(義和團) 사건으로, 지금부터 약 50년 전에 구룡반도(九龍半島)의 남단을 또 잘라주었고, 다시 30년 전에는 99년 기한으로 이 두 지역 부근의 여러 섬을 조차하여 현재에 이르고 있다. 홍콩은 유럽과 아시아가 교통하는 요충지로서 선박의 출입이 빈번하고 무역이 왕성하여 매년 통계가 런던이나 뉴욕보다 우수하게 나왔다. 인구는 대략 50만 명이었는데 대개는 중국인이었다. 그 나머지는 대략 1만 6,000명쯤 되었는데, 영국인이 그 절반을 차지하고 일본인은 1,500명쯤 되었다.

홍콩은 영국의 직할 식민지이다. 총독부를 설치하여 해군사령관과 홍콩 대학장을 겸하게 하였고, 지방과 중앙 의회를 설치하여 대의원제도를 취하였다. 그러나 의원은 영국인이 독점하였고, 비록 중국인도 많았으나 처음부터 참여할 권리가 없었다. 지난해에 광동과 관계를 끊었다가 곤욕을 치른 뒤에야 몇 명이 참가하게 되었으니, 이는 중국인들의 감정을 누그러뜨리기 위한 것이었다. 화폐제도는 달러를 단위로 삼아 1달러, 5달러, 10달러, 50달러, 100달러, 500달러 등의 태환 지폐[1] 외에도 은과 동으로 만든 보조 화폐가 있었다. 그리고 일본이 최근에 산동으로 출병시킨 탓에 교환 시세가 갑자기 떨어져 엔화 100원으로 겨우 홍콩 화폐 90달러를 바꿀 수 있었으니, 시찰에만 관계되는 것이 아니라 여행 예산도 어긋나게 되었다.

홍콩과 구룡 지역의 토지는 모두 국가 소유였고 사유재산을 인

---

1 정부나 발권 은행이 발행하여 언제든지 정화(正貨)로 바꾸어 줄 수 있는 지폐를 이른다.

타이요마루.

정하지 않았다. 따라서 토지와 가옥 사용료 이외에는 다만 인지(印
紙)와 아편과 담배와 주류 등의 세금만 부과하였고, 소비세와 소득
세, 차량세와 가옥세, 토지세 등의 잡세(雜稅)는 없었다. 그리하여
한 해 동안 세금을 거둔 것이 매년 2000여만 불에 이르러 홍콩 정
청(政廳)의 세출을 충당하고 있다. 토지비인 도로와 교량 건축비가
그 세출의 3분의 1을 차지한다고 하니, 이로써 도로가 그토록 완비
되었음을 알 수 있다. 홍콩 시가 뒤에 있는 봉우리의 이름은 빅토리
아로 해발 약 546미터이고, 시내는 땅이 매우 좁았으므로 많은 가
옥을 산 정상이나 산중턱에 건축하였다. 새로 가옥을 지으려고 하
는 사람이 정청에 가옥을 짓겠다고 신청하면 비록 험준해서 교통이
어려운 지역이라도 거액을 투자하여 도로를 개통시켜 허가하였다.
그러므로 300미터쯤 되는 정상과 중턱에는 높은 누대와 거대한 전각
(殿閣)들이 서로 빽빽하게 연결되어 있어서 머리를 들어 바라보면 번쩍
번쩍하는 빛들로 휘황찬란하게 보였고, 구름과 안개가 아득하였으니,

참으로 신선이 사는 굴택(窟宅)이라 이름할 만하였다. 연화세계(煙火世界)는 아니었으나 천하의 기이한 관람거리가 되기에는 충분하였다.

지금 타고 있는 타이요마루는 1만 4,000여 톤이나 되었다. 일등객실은 300명을 수용할 수 있었으며, 화원·오락실·유희실·술 마시는 곳·부인실·소아실 등이 질서 정연하게 완비되어 있었다. 이 배 또한 본래 독일의 소유였는데 세계대전의 결과로 일본 소유가 된 것이었다. 11시 반에 식당으로 돌아가니 남녀 선객들이 각자 자기 자리에 앉아 있었는데 엄숙하고 단정하였다. 막 수저를 들려고 할 때 서양 음악을 연주하여 식사를 도왔다. 풍부하고 정갈한 음식과 온화하고 점잖게 받듦은 더 말할 것이 없었다.

5월 30일

배 안에서 무료하게 지내다

배 안에서는 무료하여 간혹 갑판에서 바람을 쐬거나 선실에서 책을 보기도 하였다. 오래 내리던 비가 막 개었으나 풍랑이 조금 일자, 식당에 가지 않는 사람이 많았다. 춘포 형도 음식이 얹히고 멀미까지 겹쳐 하루 종일 꼼짝 않고 누워 있었다. 밤에는 코미디 영화 여러 편을 보여주었다.

5월 31일

배 안의 운동기구를 사용하다

　풍랑이 일지 않아 배의 운행은 평온하였다. 잠시 비가 내리다 개다 하여 꽤나 시원한 맛을 느낄 수가 있었다. 북쪽을 향해 항해한 지 이미 50여 시간이 흘러 아마 위도의 차이인지 온대와 열대가 서로 달라지는 곳에 이르게 되었다.

　우연히 전기 운동실에 들어가니 일고여덟 종 되는 운동기구가 있었다. 시험 삼아 기구 하나를 움직이자 허리가 계속 움직이는 것이 있었는데 내리려 했으나 안 되었다. 갖가지 재미있는 기구는 포복절도하게 하였다. 여러 날 동안 배에 있으니 자연스레 기분이 가라앉고 몸은 찌뿌듯했다. 따라서 이러한 놀이기구를 만들어 몸을 펴주었으니 위생(衛生)을 주도면밀하게 신경 썼다는 것을 알 수 있었다. 오후에는 바닷물이 차츰 누른빛을 띠어갔다. 이것은 양자강의 물이 섞여 들어온 까닭이다.

6월 1일

상해에서 사람들과 만나다

날씨가 청명하고 강바람이 얼굴을 쳐서 마음과 정신이 상쾌하였다. 갑자기 양안(兩岸)으로 들판이 펼쳐지고 오송(吳淞)[1] 시가가 늘어서 있었다. 배 옆으로 인가(人家)가 즐비하였고, 공장들이 서로 이어져 있었다. 그런데 갑자기 뱃머리를 틀어 황포강을 거슬러 남쪽으로 가니, 서안(西岸)은 상해라 했고, 동안(東岸)은 포동(浦東)이라 했다. 오전 10시에 부두에 닿으니 미쓰이사의 이케다(池田)과 에도(惠藤) 두 사람이 작은 증기선을 타고 나와 영접해주었다. 우리는 기쁘게 악수를 하며 서로 오래 못 보았던 감회를 펼쳤다. 겸하여 시국의 형편을 탐문해보니 대략 광동과 똑같은 형태의 조계지 안이어서 특별한 이상은 없다고 하였다.

곧바로 풍양관(豊陽舘)으로 들어가 점심을 먹은 뒤 미쓰이사로 찾아가 방문한 뜻을 알리고 지성공사(志成公司)의 주인인 이유선(李惟善)을 만났는데 용모가 아주 단정하였다. 서로 자유롭게 의견을 나누었는데, 일찍이 이용익(李容翊)[2] 시대에 와서 머무르면서 인삼을 판매하고 독일 약품도 함께 취급한다고 하였다. 밤에는 미

---

1 중국 강소성 동부, 황포강 어귀에 있는 상해의 항구로 양자강 삼각주 평원의 꼭대기 부분에 해당하고 상해 중심가에서 북동쪽으로 20킬로미터쯤 떨어져 있다.

상좌 | 오송시의 옛 미쓰이 물산이 있던 자리.
상우 | 현재 오송 시가지 모습.
중 | 오송로 사진 엽서.
하 | 현재 황포강의 야경.

쓰이사가 초대한 요릿집 월지가(月之家)의 잔치에 갔다. 곤도와 이케다와 에도와 조선총독부 통역관 오다(尾田) 씨도 참석하였다. 술에 취하여 이런저런 이야기를 실컷 나누었다. 일본인의 화항(花巷, 기생거리) 현황을 들어보건대, 일본에서 건너와 살고 있는 자는 대략 3만 명이었다. 예기(藝妓)가 200여 명이었고, 명창(名唱) 기생이 100여 명이며, 비밀리에 매춘업을 하는 사람은 2,000명이나 된다고 하였다. 만 리나 떨어진 이역에서 사창업 또한 이처럼 많으니, 아주 깜짝 놀랄 만하였고 또 의아스럽기까지 하였다.

---

2 1854~1907년. 구한말의 정치가로 보부상 출신이며 황실의 국가 재정을 맡았다. 제정 러시아 정부가 용암포(龍巖浦)의 조차권(租借權)을 요구하였을 때 이를 승인하도록 적극 활동하였으며, 1904년에 고려대학교의 전신인 보성학원(普成學院)을 설립하였다.

6월 2일

귀국 선편을 알아보다

날씨가 개어 상쾌하였고 또 동풍이 일자 도리어 폭염을 잊을 만하였다. 아침식사를 겨우 마치니 미쓰이사 이케다 씨가 관사로 와서 함께 미쓰이사에 갔다. 1시간가량 머물러 기다렸다가 방향을 틀어 지성공사로 가서 풍자경(馮子卿)과 심요춘(沈堯春)이라는 두 인삼 상인을 만났는데, 이 사람들은 이전에 이유선을 통해 선약을 잡아놓고 기다리고 있었다. 이야기를 한참 나누다가 다시 미쓰이사로 가서 귀국 배편을 문의한즉, 6일 연락선 외에는 떠나는 배를 맞추지 못한다고 했다. 그래서 6일로 정했다. 이케다와 에도 씨의 안내로 차를 몰아 미인이 경영하는 새로 지은 큰 반점에 도착하여 점심을 먹었다. 식당의 중앙에는 무도장을 설치하고 삼면을 모두 식탁으로 에워쌌는데, 그 웅장한 구조와 사치스러운 재료가 또 한 번 깜짝 놀라게 했다. 그중 중국식 침실은 비단 휘장에 비단 베개가 있었고, 그 밖에도 앉고 눕는 탁자가 화려하면서도 단단했으니 중국 상류층의 생활을 짐작할 만하였다. 돌아오는 길에 경마장과 야구장에서 경기를 관람하고, 지나는 길에는 풍양관에 들렀다가 방향을 바꿔 일본 요릿집으로 가서 저녁을 먹고 돌아왔다.

6월 3일

4명의 중국인과 만나다

풍자경과 심요천이 공운생(孔雲生)과 함께 여관을 찾아와 교대로 통역하며 소산 어른을 상대로 말을 주고받았다. 이에 앞서 고려삼업사(高麗蔘業社)에 춘미삼(春尾蔘)[1]을 파는 계약이 있었다. 현재는 엔화를 거부해 일이 꼬이게 되었으므로 이를 해결하기 위한 협상이었다. 몇 시간 동안 이야기하고 중국 거리에 있는 부흥원(復興園)에 함께 가서 점심 대접을 받았다.

오후 2시에 월지가의 서화회(書畵會)에 갔다. 그 모임은 미쓰이사의 주최로 4명의 중국인이 참석하였다. 심문조(沈文藻)는 호를 입산(笠山)이라 했고 70세의 노령이었다. 까다롭지 않고 화락하였으며 박학하고 시를 잘 지었는데 편지에 더욱 능하였다. 양음가(楊蔭嘉)는 호를 ○○[2]라 했으니, 얼굴이 검고 몸은 커서 거만하고 오만한 것 같지만 많이 강개(慷慨)해 보였다. 세상에 아무것도 없는 듯이 업신여겼으나 글씨를 잘 쓰고 시에도 능했다. 황소암(黃素荃)[3]은 호를 ○○라 했는데, 얼굴빛이 희고 잘생겨 모습이 훌륭했고 거

---

1 말린 묘삼을 이른다.
2 원문에 빠져 있다.
3 강소성 송강 사람으로 상해에 살았는데 산수화를 잘 그렸다.

동도 위엄 있었다. 그림을 잘 그렸는데 산수 모사를 더욱 잘했다. 왕정각(王廷珏)은 호가 창랑(滄浪)이었는데, 화락하고 너그러워서 사람들과 친절하게 지냈다. 서화에 뛰어났고, 외국어를 이해할 수 있었다. 이날 서로 필담(筆談)을 하며 운자(韻字)를 내서 시를 지어 수작하거나 혹은 글씨를 쓰거나 그림을 그리기도 하였다. 기녀들이 다투어 한 폭씩 달라고 해 문장으로 잔치하는 운치를 이바지했다. 붓과 벼루가 거침없이 마구 오갔고, 술과 쟁반들이 어지러웠으며, 껄껄대고 웃거나 시 읊는 소리가 집 안에 떠들썩한 것이 그치지 않아 밤이 이미 깊었다는 것을 깨닫지 못했다.

6월 4일

미쓰이사 지점장 집에 초대받다

아침밥을 먹은 뒤에 홍구(虹口)의 일용품 시장을 구경했다. 3층 건물에는 물류가 구분되어 있다. 어육류와 야채 등 해륙의 물산이 시장에 가득 차 있었다. 사고파는 인파로 사람들의 어깨가 서로 부딪칠 지경이었다. 바로 이어서 여관으로 돌아오니 옥관빈(玉觀彬) 군이 찾아와 이야기를 하였다.

"독일에서 임신을 가능하게 해주는 신통한 약을 만들어 팔아 근래에 거금(巨金)을 벌었습니다."

왕 군(王君)[1]에게 미아주루(美雅酒樓)에서 점심을 사겠다는 초대를 함께 받았는데, 술과 음식이 참으로 이름값을 했다. 저물녘이 되어 또 미쓰이사 지점장 사택의 연회에 초대되었다.

사택 터는 만 평 남짓이었고, 양옥으로 지은 집이 세 채 있었다. 그 첫 번째는 지점장의 집이고 두 번째는 부지점장의 집이며, 세 번째는 독신 사원들이 모여 사는 곳이었다. 규모가 굉장했다. 식당으로 들어가니 지점장과 부지점장이 부인과 함께 참석하여 중국요리를 내왔다. 음식도 진귀하고 별미여서 나도 모르게 취하고 배가 불렀다. 식사를 끝내고 마당 연못가의 언덕 위에 있는 노대(露臺)[2]에

---

1 옥 군의 오자로 보인다.

서 바람을 쐬며 한가로운 대화를 하다가 인삼 판매와 수급 현황에 대해 말하게 되었다. 지점장이 "홍삼 판로를 확장할 때 물품이 부족한 것을 늘 느끼게 됩니다. 따라서 올해부터는 5,000근을 추가하여 만들 계획입니다"라고 말하였다.

비로소 그 수요와 공급의 실정을 알게 되었다. 밤 11시에 돌아와서 잤다.

2 발코니(balcony)를 이르는 말이다.

6월 5일

여러 사람과 작별을 고하다

아침밥을 먹은 뒤에 시내 여러 곳을 돌아다니면서 약간의 물품을 구입했다. 미쓰이사에 가서 고별하고 이케다와 에도 씨와 함께 영남행화주장(嶺南杏花酒場)에 함께 올라 점심을 먹고 선시공사를 두루 구경하였다. 또한 이유선과 옥관빈의 상점으로 가서 각각 작별을 고했다. 관사로 돌아와 아마노 씨와 함께 이별을 애석히 여기는 술을 많이 먹었는데, 나도 모르는 사이에 흠뻑 취하였다.

6월 6일

아마노 씨를 남겨놓고 먼저 떠나다

　새벽 4시에 잠에서 깼다. 짐을 챙기고 아침을 먹은 뒤에 차를 몰아 부두로 나가니 곤도와 이케다와 에도 등 여러 사람이 부두로 나와 전송하였다. 부두에 나와 있는 아마노 씨는 회사 업무로 타협하다가 매듭짓지 못하여 나보다 4~5일 뒤에 길을 떠나기로 약속했다. 그러나 만 리 길을 동무 삼아 오고 40일 동안 함께 다니다가 갑자기 오늘 아침에 한 명은 머무르고 한 명은 떠나게 되니, 어찌 섭섭하여 가슴이 아프지 않을 수 있겠는가. 일본 – 중국 연락선인 상하이마루(上海丸)에 올라탔다. 이날은 바람이 잠잠하고 날씨가 따뜻해 배가 평지를 가는 것 같았다. 밤에 영화를 보았다.

6월 7일

일본에 도착하다

　하늘은 맑고 바람 또한 평온하였다. 햇빛이 바다에 반사되니 맑고 부드럽기가 기름과 같았다. 정오에 나가사키 항으로 들어가 차를 타고 시내를 돌아다니며 구경하였다. 오후 2시에 열차를 바꿔 타고 8시에 모지에 도착해서 시모노세키를 건넜다. 9시에 또 열차로 바꿔 타고 오사카(大阪)를 향해 출발하였다. 이튿날 아침 9시에 오사카역에 도착하니 사사코쿠 히지오우(笹谷卑邇雄) 군이 나와 영접해주었다. 아사히 여관(朝日旅舘)에 들었다. 여러 인삼 도매상을 탐방하고 나서 시내를 두루 구경하고 돌아와 잤다.

6월 9일

일본 여기저기를 두루 구경하다

아침밥을 먹은 뒤에 감초(甘草) 상점 주인인 야마모토(山元) 씨가 찾아왔다. 자동차를 몰고 나다바 역(灘波驛)에 도착해서는 전차(電車)로 바꿔 타고 스미요시 공원(住吉公園)을 거쳐 사카이 시(堺市)에 이르러 수족관을 구경했다. 오하마(大濱)에 도착해서는 마루다쓰로(丸辰樓)에 올라갔다. 누대는 매우 조용하고 깨끗하였으며 정면으로 큰 바다를 바라보고 있어 풍경이 매우 아름다웠다. 점심을 먹은 뒤 오사카로 돌아가 또 한신 전차(阪神電車)를 타고 고베(神戶)로 가서 나가오카(長岡)라는 인삼 상인을 찾아 몇 마디 말을 나누고 바로 오사카로 돌아왔다. 저녁을 먹은 뒤 돌아오는 노정에 올랐다. 차는 이쓰쿠시마(嚴島)[1]를 향해 출발했다.

---

1 일본 세토나이카이 히로시마 만(廣島灣) 남서부에 있는 섬이다.

6월 10일

드디어 경성에 도착하다

　새벽에는 차 안이 추워 편안히 잘 수 없었다. 열대 지방을 40일 동안 여행하다 보니 더위에 익숙해졌다. 그래서 갑자기 이러한 곳으로 돌아왔기 때문에 더 한기를 느끼는 것이다. 오전 6시 30분에 미야지마(宮島)[1]에 도착해서는 곧바로 이쓰쿠시마로 건너갔다. 대근옥(大根屋)으로 들어가 목욕하고 아침식사 뒤에 이쓰쿠시마 신사(嚴島神社)에 참배하고 보물관(寶物館)을 관람하였다. 대원풍 공원(大元楓公園)을 거쳐 5층탑을 바라보고, 센조카쿠(千疊閣)[2]에 올

이쓰쿠시마 신사.

라 바다 위의 전경을 두루 살펴보았다. 3시에 미야지마로 돌아와 차를 타고, 8시에 시모노세키에 도착했다. 밤에 쇼케이마루(昌慶丸)라는 배에 탔는데, 바다가 잠잠하여 잠이 푹 들어 날이 밝을 때까지 잤다.

이튿날 아침 8시에 부산에 도착하여 열차를 바꿔 타고 영등포에 도착하니 박봉진(朴鳳鎭)과 조명호(趙明鎬), 손홍준(孫洪駿) 등 여러 젊은이가 나와 영접했고, 우리는 기쁘게 악수를 나눴다. 경성역에 들어서자 전매국 사원과 미쓰이사 사원, 서울의 친지 수십 명이 맞이하기도 전송하기도 했다. 개성역에 도착하니 친척과 친구 수백 명이 역전까지 나와서 맞이했다. 곧바로 집으로 돌아왔다.

---

1 미야지마(宮島)는 히로시마 만 북서부에 위치한 섬이다.
2 원문에는 '閣'으로 나오나 '閣'의 오자다.

옮긴이 해제

1

1923년 4월 1일부터 5월 14일까지 44일 동안 홍삼 판로 개척을 위해 손봉상과 공성학, 조명호, 박봉진, 김원배, 아마노 유노스케 등은 중국 일대를 시찰하였다. 이때의 기록은 『중유일기(中遊日記)』에 온전히 남아 있다.[1] 그로부터 5년 뒤인 1928년에는 4월 30일부터 6월 10일까지 42일 동안 손봉상과 공성학, 이토 기쿠지로(伊藤菊治郞), 공성구, 아마노 유노스케가 같은 목적으로 홍콩과 대만으로 여행을 나섰다. 그리고 그들은 부차적으로 주요 명승지도 관광한다. 이때의 이야기가 바로 『향대기람(香臺紀覽)』이다.

4월 30일, 개성에서 출발한 일행은 경성역에서 아마노 유노스케와 합류하여 부산으로 향한다. 5월 1일 오전 9시, 부산에서 관부연락선(關釜連絡船)인 도쿠주마루에 승선하여 오전 10시 40분에 시모노세키를 향해 출발하였다. 오후 6시 40분에 시모노세키에 도착하였고, 모지를 건너서 천묘여관에 투숙하였다. 5월 2일에는 메카

---

1 이은주, 「1923년 개성상인의 중국유람기 『중유일기(中遊日記)』 연구」, 『국문학연구』 25권 (국어국문학회, 2012). 이 논문에 『중유일기』가 잘 정리되어 있다.

리 신사와 연명사 등 시모노세키 일대를 관람하고, 오후 1시에 요시노마루를 타고 대만으로 출발하였다.

5월 4일 오후 3시 30분 대만 기룡항에 도착하였고, 5시 25분 대북역에 도착하고부터 이번 여정의 핵심 장소인 대만에서의 일정이 시작되었다. 일행은 5월 4일부터 13일까지 총 열흘 동안 대만에 머물렀다. 5월 5일에는 대북 신사를 방문해 참배하였다. 검담산 기슭에 있는 대북 신사는 기타시라 카와노미야를 위해 건립한 것이다. 이어서 정성공과 관련된 사찰인 검담사를 방문하였다. 그런 뒤에 대북 시내를 두루 다니면서 다양한 공공시설을 구경하였다. 박물관을 관람하고 담수항과 초산 온천, 북투 온천 등을 둘러보았다.

5월 6일에는 도원역과 대계, 수류동, 각판산을 관광하였고, 5월 7일에는 번인족의 학교를 탐방하여 그들의 생활을 목도했다. 그런 후 대북반점과 미쓰이사 등을 탐방하고, 밤 9시에 남쪽으로 가는 기차에 몸을 실어 5월 8일에는 가의역과 청류여관, 아리산, 소지평, 아리산반점 순서로 관광하였다. 공성구는 아리산에서의 산행이 상당히 인상적이었는지 "황홀한 생각이 마치 날개가 돋아나서 신선이 된 것과 같았다"고 적고 있다.

5월 9일에는 아리산과 가의역, 고웅역을 방문했다. 아리산에서는 수명이 3,000년 이상인 신목 아래에서 기념 촬영을 하였다. 그런 후 가의역 근처의 도시를 구경하였는데, 이곳은 목재와 당업(糖業)을 하는 중심지였다. 이뿐 아니라 영림소는 시설이 완비되어 대만에서도 손가락에 꼽혔다. 고웅에서 대만제당회사의 중역인 히라야마 씨에게 쇼와 천자와 관련된 서죽(瑞竹) 이야기를 들었다. 5월 10일에 항춘으로 출발했지만 길을 잘못 들어 온갖 고생을 하였다. 우여곡절 끝에 대만 최남단인 아란비에 도착하고 사진 촬영을 한 뒤 항춘으로 갔다가 조주를 거쳐 고웅에 도착하게 된다.

5월 11일에 고웅 일대를 구경한 뒤, 오후에 대남역에 도착하여 대만제당회사를 시찰하고 문묘를 참배하였다. 또 개산 신사와 대남 신사에서 참배하고 저녁에는 대북으로 향했다. 5월 12일 대북역에 도착하여 마조를 신봉하는 행렬을 만났고, 용산사와 식물원을 구경한 뒤 초산 온천에서 베풀어진 연회에 참석하고 대북으로 돌아왔다. 5월 13일에는 기륭항에서 호잔마루를 타고 하문으로 향하였다. 5월 14일, 하문항에서 미쓰이 증기선을 타고 고량서의 미쓰이사 사택에 머물렀다. 5월 15일 증기선을 타고 중국의 해군 무선전신소와 하문대학교를 거쳐 남보타사를 구경했다. 오후 5시에 배를 타고 산두로 출발하여 하문대학교를 방문한 일을 상세히 기술하고 있다. 5월 16일 아침, 산두항에 도착하였다가 오후에는 홍콩을 향해 출발했다.

5월 17일 오전, 홍콩에 도착하였다. 천세루와 청풍루를 다녀왔고, 5월 18일에는 청풍루에서 만찬을 가졌다. 5월 19일에 남당주루에 올라가보았다. 5월 20일, 마카오에 도착하여 오원과 네덜란드인이 건축한 절을 차례로 구경하였고 도박장을 들렀다가 홍콩으로 돌아왔다. 5월 21일과 5월 22일에는 홍콩을 두루 관광한 뒤 떠났다. 5월 23일 아침에 서강(西江) 부두에 도착하여 영국의 조차지인 사면을 찾아갔다. 손문의 유적 등에 들렀다가 홍콩으로 돌아왔다. 5월 25일, 영국의 조차지인 구룡시를 찾아가 구룡다루에 올랐다. 5월

27일에는 '금릉주루'라는 술집에 찾아갔다. 5월 29일 타이요마루에 승선하여 홍콩을 떠나 6월 1일 상해에 도착하게 된다. 6월 6일, 상해마루에 승선하여 6월 7일에 모지와 시모노세키를 경유하여 오사카역에 도착하였다. 6월 9일, 오사카 등지를 두루 구경하고 이츠쿠시마를 향해 출발했다. 6월 10일에는 이츠쿠시마 신사에 참배하고 시모노세키에 도착하게 된다. 밤에 쇼케이마루를 타고 부산에 도착하였고, 다시 기차를 타고 경성을 경유하여 개성역에 도착했다.

2

아침 일찍 일어나 밥을 먹은 뒤 귀빈관을 쭉 살펴보고, 번인 아이들이 다니는 학교를 시찰했다. 남녀 50여 명이 모두 맨발과 맨몸이었고 앞가슴만 헝겊 조각으로 가린 자가 많았다. 교사(주재소 순사를 겸무하는 사람이다)가 아이 몇 명을 지정하자 어떤 아이는 대화를 했고, 어떤 아이는 강연을 했는데, 일본말을 사용했다. 아이들이 학예품과 수공품을 꺼내 보이자 일행이 아주 기이하다고 칭찬을 하고, 그들에게 약간의 필묵(筆墨)을 사라고 돈을 쥐여주고 돌아가는 길에 올랐다. 대만에서 태어난 번인족은 본래 평지에서 살았는데, 이주한 한족(漢族)에게 압박받고 산속으로 물러나 살아가고 있었다. 모두 일곱 종족이었는데, 언어나 풍속이 서로 달랐다. 모두 740여 집단으로 인구는 13만여 명이었다. 타고난 성질이 사납고 모질며 동작이 날쌔 용감하게 싸우는 것을 좋아하였다. 자신들끼리는 아주 끈끈하게 단결하고 힘을 똘똘 뭉쳐 외부에서 가해오는 모욕을 방어하였다. 어업과 수렵 생활을 하는 그들은 완전히 원시 민족과 같았다.

　그중에서 한족으로 귀화한 번족은 성질이 점차 온순해져 현대의 정치 체제에 동화되었는데, 각판산 주민들이 대개 이러한 부류였다. 그들의 생활상을 살펴보니 단순하고 꾸밈이 없어 세상에 대한 욕망이 없는 것 같았다. 그러나 근래에는 차츰 교화되어 생활이 조금씩 개선되자, 그 안에서 돈을 저축하여 세금을 내는 자도 있고, 의전(醫專)을 졸업해 산 위에서 개업한 자도 있었다. _5월 7일

세계의 모든 소수 민족이 그러하듯 대만의 번인 또한 슬픈 역사를 갖고 있다. 1947년 발생한 2·28 사건 때 수많은 번인이 학살되었다. 이 사건으로 2월 28일은 대만의 국경일이 되었고, 이를 배경으로 대만 출신의 영화 감독 허우 샤오시엔(侯孝賢)이 「비정성시(悲情城市)」(1989)라는 영화를 만들기도 했다. 번인은 대만인과 일본인에게 철저히 타자였다. 이들의 역사를 통해 일본에 수탈 당하는 조선의 백성을 떠올릴 법도 한데, 공성구는 객관적 논조로 담담하게 기술한다. 그의 시선은 제국주의자의 시선과 너무나도 닮아 있다. 이런 그의 시각은 여행 내내 한결같다.

　대북 신사는 대북시의 북쪽인 검담산(劍潭山) 기슭에 있는데, 기타시라 카와노미야(北白川宮) 전하를 위해 건립한 것이다. 메이지(明治) 29년, 대만을 정벌하는 전역(戰役)에서 카와노미야 전하는 군대를 통솔하며 여기저기에서 싸우다 탄알에 맞아 죽었다. 그의 혼령을

편안하게 하기 위해 이 신사를 지은 것이다. 신사의 규모는 숭고하고 존엄하였다. 숲의 나무는 무성하였고 석등 수백 개가 좌우로 마주해 늘어서 있었으니, 모두 대만의 관리와 백성이 봉헌한 것이다. 담수(淡水) 한 줄기가 신사 앞으로 가로질러 흐르고 있어 이름을 검담(劍潭)이라 했다. 검담 옆에 있는 절은 검담사(劍潭寺)라 했으니, 옛날 정성공(鄭成功)이 이 지역을 개척할 때 그 보배로 여기던 칼을 못물에 던졌으므로 검담사라는 이름이 붙었다. 신사 앞에서 사진을 찍어 기념으로 삼았다. _5월 5일

건전한 상식을 갖고 있는 조선의 지식인이라면 자국에서도 신사참배를 거부했겠지만, 어쩐 일인지 그들은 일본과 대만 등지의 신사를 빠지지 않고 참배한다. 5월 2일 일본 시모노세키에 소재한 메카리 신사를 필두로, 5월 5일에는 대북 신사를, 5월 11일에는 개산 신사와 대남 신사를, 6월 10일에는 이츠쿠시마 신사를 차례로 참배하였다. 위의 글에서도 대만을 침략한 기타시라 카와노미야가 했던 일에 대한 어떠한 반성도 없이 담담하게 총을 맞고 죽은 사실만을 기록하고 있다. 공성구와 함께 동행한 공성학이나 손봉상은 친일 행적이 뚜렷한 인물이다.

고웅역에서 내리니 구니노미야(久邇宮) 전하가 검열(檢閱)이 되어 대만에 육군으로 와 있는데, 마침 이곳에 어가가 임하여서 좋은 여관을 수행원이 먼저 차지하였던 것이다. 그래서 우리는 고웅으로 들어가지 않고 다시 차를 타고 더 가서 병동반점(屛東飯店)에 투숙하였다.

앞서 고웅역에서 신사 한 명이 동승했는데, 그는 바로 대만제당회사(臺灣製糖會社)의 중역인 히라야마(平山) 씨였다. 아마노 씨와 함께 서로 이야기를 나누고 있는데, 히라야마 씨가 옷매무새를 매만지면서 우리에게 말하였다.

"다이쇼(大正) 12년(1923) 봄에 금상인 쇼와 천자가 동궁(東宮)에 계실 때 대만으로 여행 오셨습니다. 어가가 우리 회사로 찾아오신다기에 영접하려는 준비를 했습니다. 새로 쉴 만한 작은 집을 짓는데, 대나무 기둥을 사용하였죠 그분이 오기 며칠 전에 대나무 기둥 마디에서 저절로 죽순이 나오는데 매우 푸르러서 움켜쥘 만했지요. 이 대나무는 대만의 중주(中州) 죽산군(竹山郡)이 본래 산지인데 건물을 짓기 위해 베어다가 창고에 쌓아둔 지 40여 일이 지났다고 합니다. 전하께서는 어가를 멈추고 구경하면서 아주 아름답다고 입에 침이 마르도록 칭찬하였습니다. 그 후 대나무를 기르는 데 마음을 써서 현재는 무성하게 숲을 이루었으니 진실로 황실이 번영할 상서로운 징조이지요. 청컨대 공(公)들이 멀리에서 오셨으니 이 대나무를 한번 보도록 하십시오."

일행이 감사하다고 말하면서 서로 다시 만나기를 약속하고 작별하였다. _5월 9일

이 글에는 두 가지 흥미로운 사실이 나온다. 구니노미야는 일본 왕 히로히토의 장인이며 육군 대장으로 동아시아 침략의 주범인 셈이다. 위의 일기가 기록된 뒤인 5월 14일에 독립운동가 조명하(趙明河)는 다이쇼정(大正町) 도서관 앞 환영 인파 속에 숨어 있다가

구니노미야를 독검(毒劍)으로 찔렀다. 이때의 부상으로 구니노미야는 이듬해 1월에 죽었고, 조명하는 거사 직후 현장에서 붙잡혀 순국하였다. 공성구도 이 소식을 현지에서 들었을 법도 하지만 전혀 언급하지 않는다.[2]

다음으로 쇼와 천자가 황태자 시절에 칭찬했다던 대나무에 관한 이야기다. 그 후 고웅의 주청(州廳)은 황태자가 방문한 4월 22일에 학생들이 대나무 숲에 매년 참배해야 한다는 '서죽참배(瑞竹參拜)'라는 규정을 정했다. 그리고 참배를 마친 학생에게는 보상으로 각설탕을 하나씩 나눠주었다. 결국 이는 학생의 단순한 견학 활동이 아닌 것이다. 대나무를 통해 일본 통치자를 신격화하고 참배자를 일본에 동화시키려는 의도가 깔려 있다.[3]

이른 아침에 일어나니 자욱한 안개가 하늘에 꽉 차서 배의 운행이 매우 더디었다. 때때로 기적을 울렸으니, 다른 배들과 부딪칠까 두려워서였다. 오전 9시에 하문항에 도착하자 미쓰이 출장소장 가와카미(川上) 씨가 후쿠시마(福島)라는 사원과 함께 배 위로 방문하여 말하였다.

"일본이 군대를 산동으로 진출시켰으므로 중국 각지에서 일본을 배척하는 열기가 다시 일어나 하문도 위험합니다. 그러니 우선 고량

---

2 사건 당시 「동아일보」 1928년 10월 12일 자 신문에는 다음과 같은 기사가 실렸다. "臺灣에서 日本 久邇宮이 塔乘한 自動車를 襲擊하여 短刀를 휘둘러 不敬罪로 起訴되어 臺灣高等法院에서 死刑 宣告를 받은 趙明河에 대한 死刑이 臺北刑務所에서 執行되다."

3 진경지, 「『항대기람』 기록에 투영된 일제시대 대만의 모습」, 동아시아문화연구 제56(2014), 247∼272면.

서(鼓浪嶼)에 상륙해서 이야기를 나누는 것이 좋겠소."

미쓰이 증기선을 함께 타고 고량서에 정박하여 해안에 올라 미쓰이사 사택으로 들어갔다.

고량서는 하문항 내의 조그마한 섬으로 외국인이 거주했던 곳인데, 부유한 중국인들 중 피란하여 거주하는 사람이 많았다. 사택은 3층으로 된 서양식 건물로 드넓은 정원에 기이한 꽃과 이상한 풀을 많이 심어 꽤나 그윽하고 품위 있는 운치가 있었다. 점심으로는 중국요리가 나왔는데 정결하고 풍부하였다. 때때로 대포 소리가 멀리서 요란스럽게 들려서 일행은 놀라고 의아해했다. 며칠 전 북방 군함의 습격으로 교전을 했지만, 군함은 즉각 퇴각했다. 그래서 아직도 경고 대포를 쏘는 것이지 실전은 아니었다. 엔화를 마다하기 때문에 짐을 풀 수 없어 하룻밤을 바다에서 정박하였다. 오후 4시경에 배로 돌아와 머물러 있다가, 그날 밤 빗속에 본국의 친구인 정제형(鄭濟亨)이 배로 와서 소산 어른을 방문하였다. _5월 14일

아침 6시, 산두항(汕頭港)에 도착하자 비가 쏟아졌다. 미쓰이사 사원 오타(太田) 씨가 배로 찾아와 말하였다.

"겉으로 보기에는 특별히 일본을 배척하는 폭동이 없기는 하나 국민당(國民黨)의 지당부(支黨部)가 날마다 위원회를 열어 일본을 배척하기 위한 방침을 협의한다고 합니다. 그렇다면 반드시 변화가 일어날 조짐이 있는 것입니다. 그러니 꼭 상륙할 필요가 없습니다."

게다가 비바람도 그치지 않아 하루 종일 배 위에서 왔다 갔다 하면서 상인을 불러들여 이 지역 산물인 마직물과 '조산철로예정지도

(潮汕鐵路豫定地圖)'를 샀다. 조주는 한문공(韓文公)의 옛 사당이 있는 곳으로 여기에서 거리가 멀지 않다고는 하나 형세가 위태로워 갈 수가 없었으니, 이 또한 유감스러운 일이었다. 오후 5시에 배로 출발해 홍콩으로 향하였다. _5월 16일

자동차를 타고 영국 조차지인 사면(沙面)의 미쓰이사 지점에 들어가자 지점장인 야마사키 가메노스케(山崎龜之助) 씨가 나와 맞아주면서 말하였다.

"광동은 요사이 일본을 배척하는 것으로 인해 아주 많이 위험합니다. 여러분이 멀리서 오셨는데 매우 유감스럽습니다. 그러니 함부로 시찰을 삼가고, 부디 자중하시길 바랍니다."

일행은 이 말을 듣고 서로 돌아보고 놀라면서 괴이하게 여겼다. _5월 23일

때마침 유명한 '제남(濟南) 사건'이 발발했다. 이 사건은 1928년 5월에 중국 산동성 제남에서 일본군과 중국 국민당 혁명군이 무력으로 충돌한 사건이다. 국민당 북벌군이 진입하자 일본군은 자국인 보호를 평계로 출병하였다. 8일에는 일본 측의 본격적인 공격으로 중국군과 민간인 3,000명 이상이 죽게 되는 대참사를 일으켰다. 중국군이 충돌을 피하기 위해 퇴각하자 일본군은 제남을 1년 동안 점령하였다. 이러한 양국의 첨예한 충돌이 벌어진 한복판에 공성구 일행이 있었다.

중국 각지에 배일 감정이 격화되어 엔화도 받지 않는 지경이었

고, 마음대로 돌아다니지 못할 형편이었지만 그에 대해 어떤 심경도 밝히지 않았다. 일정상 일본인과 동행하니 중국인에게 표적이 되기 쉬운 입장도 이해가 가지 않는 것은 아니다. 그렇지만 양국의 문제에서도 일본인과 다를 바 없는 입장을 취한다. 앞서『중유일기』에서도 공성학 일행은 육로를 이용하지 않고 선박을 이용하여 중국을 방문하는데, 이때도 비적(匪賊)과 일본에 적대적인 사람〔排日〕들이 많아 신변의 안전을 확보하지 못할까 염려되어서였다.[4]

그러나 5월 23일 사면이 영국의 조차지로 넘어간 것에 대한 감회는 약간 달랐다. 중국인은 자신의 땅인데도 마음대로 왕래하지 못하였다. 이를 중국의 치욕이고 광동 지역에 난 혹과 같다고 표현한다. 그러나 그 울분이 식민지 조선으로까지는 확장되지 않았다.

3

빠른 속도로 고개를 내려가 산모퉁이 도는 곳에 당도했다. 그런데 갑자기 차 한 대가 올라와 거의 서로 부딪칠 뻔했다. 내가 타고 있던 차의 운전사가 서둘러 충돌을 피하려 하자, 차의 좌측 바퀴가 백 길이나 되는 낭떠러지에 반쯤이나 기울었다. 떨어질 뻔했지만 다행스럽게도 풀 넝쿨에 얽혀 떨어지지 않았다. 일행이 깜짝 놀라 차에서 내려 살펴보니 낭떠러지에 매달려 있는 위태로운 상태가 간발의 차

4 『중유일기』4월 1일 기록.

이였다. 머리털이 바짝 서고 간담이 서늘해져 마음을 스스로 추스를
수 없었다. _5월 5일

낯선 여행지라 여러 예기치 않은 일을 겪기 마련이다. 5월 5일 일
기에는 북투 온천을 가다가 차량끼리 추돌하여 낭떠러지에 처박힐
뻔했던 아찔한 사고를 기록하고 있다. 또한 5월 10일에는 자동차
두 대가 동시에 출발했는데, 앞차에는 중국어를 하는 사람이 없어
현지인 운전사가 운전하는 대로 따라갈 수밖에 없었다. 뒤차는 무
언가 잘못되고 있다는 사실을 알았지만 어쩔 수 없이 따라갔다. 결
국 시내를 막무가내로 건너다 차가 모래에 빠져 오도 가도 못하는
상황이 되었고, 물소 덕에 빠져나왔지만 이미 기름통이 물에 젖어
꼼짝하지 못하였다.

더위가 더욱 기승을 부려 선풍기는 밤인데도 멈추지 않았다. 춘포
형은 무더위로 땀을 흘려 등에 땀띠가 가득했다. 귀국할 배의 출발
날짜는 29일로 멀찌감치 잡혀 있었다. 그로 인해 무료한 데다 더위
에 지쳐, 답답하게 오래 머물러야 하는 것을 한탄했다. _5월 24일

낯선 열대의 기후도 여행 내내 그들을 괴롭혔다. 특히 무더위와
습기는 보통 문제가 아니었다. 5월 9일, 22일, 26일, 27일 일기에서
그 고통의 기록이 보인다. 따라서 6월 10일 일본에 도착해서는 추
위가 민감하게 느껴졌다고 한다. 열대 지방을 40일 동안 여행하다
보니 그런 것이다.

이날 밤 우리 일행은 남대만(南臺灣) 시찰에 오르려 하였기에, 거기에 있는 사람들과 작별하는 의미로 특별히 이런 자리를 마련한 것이다. 술잔과 쟁반이 어지럽게 흩어져 있고 담소를 나누는 소리가 자리 위에 떠들썩했다. 지점장 대리로 있는 이노우에 도모히로 씨는 나이가 마흔네 살이었는데 머리가 하얗게 세었으며, 나의 사촌 춘포 형도 나이가 쉰 살이었는데 수염이 다 희었다.

춘포 형이 수염을 잡고 흔들면서 기녀 한 명을 가리키며 이노우에 씨에게 말했다.

"공(公)과 나는 수염이 이처럼 희어서 비록 미인이 많으나 우리에게 눈길조차 한 번 안 줄 것이니 어쩌면 좋소."

이에 이노우에 씨가 픽 웃으면서 이런 취지를 여러 기녀에게 묻자, 기녀 하나가 곧바로 말하였다.

"그렇지 않습니다. 여름철에는 흰 것을 높이 치는 사람이 많아 한더위에 검은 머리를 가진 사람은 쓸모없답니다. 두 분 어르신께서는 염려 마십시오."

좌석에 앉은 모든 사람이 배를 움켜쥐고 껄껄 웃었다. _5월 7일

이 모임에서 이노우에 도모히로와 공성학은 나이를 먹은 축이라 기녀들이 자신들을 접대하는 것을 마뜩찮게 여기리라 걱정하였다. 그러던 중 기녀 하나가 여름철이라 검은 머리보다 흰머리를 가진 사람이 더 쓸모 있다고 재치 있게 응답하여 그들의 기분을 상하지 않게 하였다. 아무래도 여정의 목적이 시찰인 까닭에 기녀들이 접대하는 경우가 많아서인지 여러 차례 기녀에 대한 언급이 나온다.

5월 4일에는 장청항 씨에게 초대를 받아 봉래루에서 본토의 진기한 요리를 즐겼다. 게다가 노래를 부르는 기녀가 있어 여행의 쓸쓸한 회포를 한차례 후련하게 풀고 실컷 즐기고 돌아와 잤다는 기록이 나온다. 5월 5일에는 차가 낭떠러지에 떨어질 뻔했던 사고를 겪었음에도 불구하고 저녁에 기녀들과 술을 마시기도 했다.

5월 18일에는 기녀가 한 사람이 모자라 어쩔 수 없이 뽑기를 해서 당첨된 사람이 혼자 술을 마시기로 하였다. 때마침 공성학이 당첨되어 오타는 기생 한 명을 더 불렀다. 열여섯 살의 어린 기생과 초로인 공성학의 조합에 모든 사람이 흥겹게 웃는 장면도 나온다.

5월 24일. 중국 기녀들은 때때로 술자리에 들어와 귀퉁이에 따로 앉아 노래를 부르거나 악기를 탔을 뿐 술을 권하거나 접대하는 일은 없었다고 기록한다. 그리고 또 불시에 기생들이 자리를 바꾸기도 하였는데, 그다지 예쁘지 않았으며 악기를 타고 노래하는 자리도 떠들썩하여 격조가 높지 않다는 부정적인 평가를 내렸다.

6월 3일에는 중국인들과 서로 필담(筆談)하며 운자(韻字)로 시를 지어 수작하거나 혹은 글씨를 쓰거나 그림을 그리기도 하였다. 기녀들이 한 폭씩 다투어 달라고 하여 밤늦도록 시를 지으며 흥겹게 놀았다 한다. 이처럼 사업 목적인 방문이었기에 회식이 잦았는데, 분위기를 띄우기 위해 기녀들이 동원되었던 것이다.

요시노마루는 본래 독일에서 만든 것이었다. 세계 대전을 치른 독일이 배상금을 대신하여 일본에게 넘겨준 배로 8,998톤이고 속력은 17마일, 적재량은 8,355톤이다. 일등석에는 45명, 이등석에는 190

명, 삼등석에는 547명을 수용할 수 있었다. 배 안에는 무선 전신과 인쇄소·오락장·흡연실·욕실·술집까지 있었으며, 그 밖의 여러 설비도 모조리 갖추고 있었다. 오후 4시에 서양 차와 과자를 내왔고, 5시에 목욕을 하였다. 6시 30분에 급사(給使)가 저녁밥을 먹으라고 알려서 식당으로 안내하였다. 식당은 100명을 수용할 만하였고 한 탁자마다 대여섯 명이 앉을 만하였다.

선장이 가운데에 앉고 선객(船客)은 마음대로 자리에 앉으니, 서양 요리가 올려졌다. 급사가 생선과 채소, 고기 등 여러 음식을 큰 쟁반에 담고 서양 스푼 하나를 놓았다. 손님들은 차례대로 소반 가운데로 나아가 먹고 싶은 것을 스푼으로 덜어 개인 그릇에 옮겨 담아 먹었다. 또 다른 음식이 계속 차례로 올라왔는데 대략 20종쯤 되었다. 각자 스스로 옷매무새를 매만지고 몸가짐을 바로 했으니, 그 엄숙한 태도가 공식적인 연회 모습과 같았다. 밥을 먹은 뒤에 갑판 위로 나오자 하늘은 개고 텅 비어서 한 조각 외로운 달만 바다에 박혀 있었다. 배가 파도를 가르며 나아가자, 은 같은 파도와 눈 같은 물결이 또 하나의 기이한 볼거리였다. 어떤 이는 시(詩)를 읊고, 어떤 이는 담소를 나누며, 어떤 이는 바둑을 두고, 또 어떤 이는 마작을 두는 등 각자 즐기다가 10시쯤 잠자리에 들었다._5월 2일

해로(海路)에서의 이동이 많아서인지 선박에 대한 언급도 자주 눈에 띈다. 위의 글은 요시노마루라는 배에 대한 기록이다. 5월 3일에도 이 배의 구석구석을 다니며 호기심 어린 시선으로 이런저런 내용을 적은 바 있다. 배의 엄청난 규모와 다양한 시설에 놀라고, 무

엇보다 뷔페식 식사가 인상적이었는지 상세히 기술하였다. 5월 1일
에는 도쿠주마루, 5월 13일에는 호잔마루, 5월 29일에는 타이요마
루, 6월 6일에는 상해마루, 6월 10일에는 쇼케이마루를 각각 이용
했다. 그 밖에도 5월 6일에는 마치 썰매와 흡사한 색다른 운송 수단
인 대차에 대한 기록도 남겼다. 이처럼 조선에서 볼 수 없는 생경한
기계나 설비에 상당한 호기심을 보였다.

　해발 9,600척인 아리산은 하늘 위로 까마득히 솟아 있었다. 산중
에는 홍회(紅檜)와 편백(扁栢), 향삼(香杉) 등의 나무가 많이 있었다.
천지개벽이 된 이래로 도끼나 자귀 같은 연장이 산에 반입되지 못해
천 길이나 되는 아름드리나무들이었다. 이와 같은 산림은 모두 나라
의 보물창고였다.
　그 목재를 운반하기 위해 철도를 부설하였는데, 전체 길이는 18킬
로미터이고 운반해 내려오는 목재는 해마다 20만 석에 달한다고 한
다. 높은 고개를 휘어잡고 오르니 터널은 모두 85개소나 되었다. 수
레가 터널 하나를 겨우 빠져나오면 또 다른 터널로 들어간다. 구불구
불한 것이 마치 소라껍데기와 같았으며, 한 바퀴를 돌아 아래를 내려
다보면 조금 전에 올라왔던 길이 곧 발아래에 있다. 두 바퀴를 돌아
올려다보면 가야 할 노선이 또 머리 위에 있다. 이와 같이 여러 차례
를 돌아 올라가 아래 세계를 내려다보니 아득하고 까마득하게 보이
는 것이 거의 태고(太古), 즉 세상이 만들어지기 전과 같아서 하늘과
땅이 다만 하나의 길일 따름이다. 황홀함은 마치 날개가 돋으나 신선
이 된 것만 같았다. 산에 올라갈 때 짙은 안개가 끼기도 하고 부슬비

가 내리기도 했으며 차가운 바람도 낯을 스쳐갔다. 멀리 위쪽을 보면 태양이 환히 비추고 있었는데, 이렇게 저렇게도 보여 똑같은 모양이 없었다. 중간에는 정류장 일고여덟 개를 설치하여 여객의 오르내림과 화물의 적재와 하차, 오가며 교체하는 편의를 도모하였다. 치밀하고 교묘하게 그 장소를 설계한 것이 신인(神人)의 공을 빼앗은 것이라 이를 만하였다.

정상에 올라 관사에서 쉴 때에는 너무 시원한 공기가 도리어 싫어 따스한 탕에 들어가 목욕을 하였다. 그러고서 솜옷으로 바꾸어 입고 화로를 끼고 차를 마셨다. 조금 뒤에 서풍이 잠시 불어 짙게 낀 안개가 다 걷혀 없어지자 첩첩으로 쌓인 기이한 봉우리들이 병풍을 펼친 것 같았다. 서쪽으로는 붉은 해가 걸려 있었다. 비스듬히 비치는 저녁 햇빛으로 그 아래 천만 봉우리의 모난 등선들이 모두 사라져 하나의 구름바다로 변해버렸다. 지금 이런 경치는 진실로 시(詩)로도 감히 표현할 수가 없고, 그림으로도 그려낼 수가 없으니 참으로 매우 기묘한 경치였다. _5월 8일

아리산은 대만 중부 옥산 서쪽의 여러 산을 통틀어 이르는 말이다. 대만 팔경 중 하나로 부근에 120제곱킬로미터에 달하는 삼림이 형성되어 있고, 최고봉의 높이는 2,676미터로 알려져 있다. 일행은 압도적인 아리산의 절경에 감탄을 금치 못했다. 5월 9일에는 아리산 신목에 대한 기록을 남겼다. 이처럼 외국에서 처음 보는 낯선 풍경은 여행자의 시선을 빼앗았다. 5월 17일부터 6월 1일까지 홍콩과 마카오, 사면, 상해의 이색적인 풍경도 매우 상세하게 적고 있다.

오늘은 본토 사람들이 마조(媽祖)를 신봉하여 해마다 관례로 제사지내는 날이었다. 제사에 참가한 각 상점과 여러 행렬의 한 떼가 30~40명 혹은 50~60명으로 무리지어 거리를 메워 길에 가득하였는데, 무려 수천 명이나 되었다. 어떤 이는 깃발을 들거나 창검을 잡았으며, 어떤 이는 소고(簫鼓)를 연주하거나 쇠로 된 징을 울렸다. 또 어떤 이는 춤추는 사자와 나는 용, 달리는 말 등 동물의 형상 또는 관우나 장비, 조자룡 등의 인형으로 꾸몄다. 그것들의 키는 몇 길 남짓하여 어린애들이 두려워 울면서 등을 돌리고 달아났다. 혹은 무수한 신(神)을 실은 수레를 매달고 있었다. 맨 끝에는 색칠한 큰 수레 한 대를 끌고 갔다. 수레에는 가짜로 만든 용과 학으로 장식하고 어린 기녀를 그 용의 머리와 학의 부리에 서서 춤추게 하였으니, 보는 이의 마음이 오싹해져 차마 똑바로 쳐다볼 수 없었다. 채색을 한 수레의 체재가 교토(京都)의 기원제일(祇園祭日)에 시가지를 순행하던 의식과 대략 서로 비슷했다.

이 행사는 시내의 각 지역 사람들이 성심으로 헌납한 돈으로 마련된 것이었다. 따라서 위의 색칠한 수레의 행렬은 길었는데, 여덟아홉 대열로 시내에 뻗어 있으니 거의 몇 리나 되었다. 형형색색으로 각자 자신들의 기예를 마음껏 보여주어 마술 부리는 자가 있는 듯했으니, 참으로 기이한 구경거리라고 이를 만하였다. _5월 12일

음력 3월 23일은 항해의 신인 마조의 탄생일로 대만에서는 여러 행사가 열린다. 마조는 특히 배를 이용하여 교역에 종사하는 화교들이 열렬히 숭배한 것으로 유명하다. 안전한 항해는 자신의 생명

을 지키고, 또 가족의 번영을 가져오기 때문이다. 여러 모임이 거리를 가득 뒤덮었다. 사람들은 다양한 악기를 연주하고, 동물 인형이나 삼국지 인물의 형상으로 꾸미기도 했다. 용이나 학으로 장식한 수레 위에서 아슬아슬하게 춤을 추는 어린 기녀의 모습까지 매우 생동감 있게 그려냈다.

4

조선시대에는 왕실에서 인삼(홍삼)의 주된 이권을 장악했다. 그러나 일제강점기 때 조선총독부 전매국이 홍삼 제도와 경작, 판매, 수출 등 전권을 가지고 관장하다가, 1914년 이후 일본 독점자본 미쓰이 물산에만 불하했다.[5] 개성상인인 손봉상과 공성학은 삼업조합의 조합장과 부조합장 신분이었으니, 홍삼 판매를 위해서 미쓰이사와 긴밀한 파트너 관계를 유지해야만 했다. 앞서 1923년 44일 동안 미쓰이사의 전폭적인 지원 아래 중국의 홍삼 판로를 개척하기 위해 시찰하였다. 이어서 1928년에도 42일간의 홍콩과 대만 시찰도 미쓰이사의 긴밀한 협조와 지원 속에 이루어졌다.

삼업조합(蔘業組合)을 설립한 때부터 홍삼의 판로가 날마다 중국 일대에 거듭 확장되었으나, 상해와 홍콩은 그중에서도 가장 중요한 지

5 　김옥근, 『일제하조선재정사논문』(일조각, 1994).

역이었다. 지난 계해년(1923)에 상해의 판로는 이미 시찰하였고, 홍콩을 경영한 것이 또 여러 해가 되었다. 올봄에 비로소 그 의논을 결정하였고, 조합장 손봉상과 부조합장 공성학 두 사람이 동반하여 시찰 길에 올랐다. 그리고 삼업의 기수(技手)인 이토 기쿠지로(伊藤菊治郞)가 수행원으로 그 뒤를 따랐으며, 나 또한 함께하게 되었으니 쇼와 3년 4월 30일(1928, 무진년 3월 11일)이었다.

이에 앞서 서울에 들어갈 때 영국 영사관에 교섭해서 여권을 받았는데, 이는 홍콩이 영국령이기 때문이다. 마쓰모토(松本) 전매국장과 야마자와(山澤) 제조과장을 방문하여 작별을 고하고 미쓰이 물산(三井物産)의 경성 지점에 가서 지배인 아마노 유노스케(天野雄之輔) 대리를 만나 길을 떠날 날짜와 시간을 타협하고 돌아왔다. 대개 미쓰이사가 우리 홍삼의 판매권을 독점하였는데, 그 판로가 불황을 만났어도 고려 인삼의 평판을 유지하여 마침내 오늘날의 이윤을 거두게 한 것은 진실로 미쓰이사의 힘이었다.

옛날에 상해에 갔을 때에도 아마노 씨가 안내했는데, 또 그와 동반하게 된 것 또한 미쓰이사의 두터운 뜻이었다.

저자인 공성구가 쓴 『향대기람』 서문이다. 이 글은 개성 삼업조합 인사들과 미쓰이사와의 협력 관계를 잘 보여준다. 개성 삼업조합과 미쓰이사는 서로의 이익을 위해, 그리고 동아시아 일대의 홍삼 판로 개척을 위해 계획을 세우고 지속적으로 행동에 옮기고 있다. 미쓰이사는 자신의 직원을 동행시켜 삼업조합 인사들에게 온갖 편의를 제공한다. 그뿐 아니라 특정 장소마다 미쓰이사 직원들이 직접 나와 마중하거나 전송하였다. 또 삼업조합 인사들은 해당 지역의 미쓰이사 직원을 예외 없이 내방하여 현지 사정을 청취하려는 노력을 잊지 않았다.

큰길 근처는 모두 언덕배기로 평평한 들이나 넓은 들판이 없지만, 나무를 베고 경작지를 개척하여 차나무를 많이 심었다. 미쓰이 합명 회사(合名會社)가 부근 일대의 땅을 임차 받아서 다원(茶園)을 개척 하였다. 차를 심는 면적이 해마다 불어나 현재는 해마다 30여 만 근 이나 생산된다고 이른다. _5월 6일

일행은 하루도 빠짐없이 현지 미쓰이사 직원을 만나 잦은 회식을 가지면서 현지 상황을 숙지하려고 애썼다. 일행의 이번 유람은 시 찰과 여행으로 압축할 수 있다. 그중에서 현지 미쓰이사 제반 시설 을 시찰하거나 홍삼 판매 상황을 점검하는 것이 가장 큰 목적 중 하 나였다.

풍자경과 심요천이 공운생(孔雲生)과 함께 여관을 찾아와 교대로 통역하며 소산 어른을 상대로 말을 주고받았다. 이에 앞서 고려삼업 사(高麗蔘業社)에 춘미삼(春尾蔘)을 파는 계약이 있었다. 현재는 엔화 를 거부해 일이 꼬이게 되었으므로 이를 해결하기 위한 협상이었다. 몇 시간 동안 이야기하고 중국 거리에 있는 부흥원(復興園)에 함께 가서 점심 대접을 받았다. _6월 3일

실제 춘미삼을 파는 계약을 체결하려고도 하였다. 중일 관계가 악화되어 현지 사정으로 엔화를 사용할 수 없게 되자 이를 해결하기 위해 동분서주하며 애쓰는 장면도 보인다. 이뿐만 아니라 실제 홍삼 판매점을 직접 방문하여 불만이나 애로사항을 듣기도 했다. 5월 7일 기록에는 상인 중 한 사람이 홍삼의 속이 흰 것은 상품성이 떨어진다고 불평하는 장면이 나오기도 한다. 또 홍삼 판매점의 판매 상황과 수요 관계를 점검하는 것도 중요한 업무 중에 하나였는지 직접 방문하며 꼼꼼하게 점검하고 있다.

5

『향대기람』은 일제강점기에 42일간의 시찰과 유람을 기록한 일기로, 홍콩과 대만을 탐방하고 남긴 보기 드문 여행서이기도 하다. 또 한문으로 기록되어 근대 한문학의 마지막 자취도 엿볼 수 있다.

홍삼 판로를 개척하기 위해 개성 인삼 조합원들은 미쓰이사 직원과 함께 시찰 계획을 세우고 실행하였다. 일정의 시작부터 끝까지 줄곧 미쓰이사 직원들이 함께하는 것이 인상적이다. 현지에서도 미쓰이사의 각 지사 직원들이 온갖 편의를 돌봐주면서 여행과 시찰을 안내하여 생산자와 유통사의 끈끈한 유대를 보여준다. 하지만 미쓰이사라는 거대 제국주의 자본과 개성 인삼 조합이라는 친일 사업가들의 만남이 개운하지 않은 뒷맛을 남기는 것도 사실이다. 그렇다고 하여 이 책의 가치를 무시할 수는 없다.

홍콩과 대만을 기록한 여행기는 거의 남아 있지 않다. 몇 편의 기행문이 있기는 하나 이렇게 상세한 기록은 드문 실정이다. 그만큼 중국이나 일본보다 여행의 빈도나 기록이 현저히 적었기 때문이다. 공성구는 이국적인 홍콩과 대만의 주요 명승지, 독특한 풍습 등을 인상적으로 기술하였다. 이는 이 지역을 여행할 현대 독자에게도 좋은 가이드가 된다.

최근 나는 일기류에 많은 관심을 갖고 있다. 문집에 실린 박제된 모습이 아닌 날것 그대로의 모습은 당대 사회를 생생히 이해하는 데 큰 도움을 준다. 그때 사람들은 모두 세상을 떠났지만, 그 기록을 통해 그들의 목소리를 가까이에서 듣고 있는 것만 같다. 언젠가 이 책을 들고 그들의 여정 그대로 홍콩과 대만을 관광하고 싶다.

내가 대만에 관심을 갖도록 도와준 사람이 한 분 있다. 대만 국립정치대학교 한국어문학과 진경지(陳慶智) 교수이다. 그는 1999년 한국으로 유학 와서 학위를 마치고 대만으로 돌아가 교수가 되었다. 국적은 달라도 형제 같은 사람이다. 도판 등 이 책을 출간하는 데 여러모로 도움을 주었다. 여기에 감사한 마음을 전한다. 험난한 인생이든 책에 나오는 여행 코스든 그와 함께 가고 싶다.

2014년 3월 31일
박동욱

『香臺紀覽』 원문

香臺紀覽序

| 번역문 9면 |

往歲甲子, 出遊中華海, 而抵黃浦. 歷秦淮, 浮楊子, 入漢口. 陸而登泰山, 拜曲阜, 逶迤北京以還. 傳記所載, 高山大川, 前人所過, 名區勝地, 以至雄府大都, 槩一括矣. 而恨未及周覽黃浦以南諸州爲快矣. 越四年戊辰, 又有方便, 海而入臺灣, 至香港, 此二島, 禹貢所未定賦. 而今臺爲日本治, 香爲英人領. 臺固雄州, 地方之大, 物産之富, 自成天府, 兼又新政施設, 完且備矣. 而尙天荒未破, 人有生蕃之種, 香是小島, 廣東福建間 依草澤數家漁村, 而今化爲大聚, 容百萬人衆, 熙熙穰穰, 是可謂新世界也. 中華, 疆域廣大, 人物首先, 建國最久, 文華彬彬, 我東, 接壤密邇, 襲其文華, 其歷史也, 其興圖也, 讀之熟, 按之詳, 昔者之往, 多有參証欣賞, 登泰山而想吾夫子小天下之氣像, 入廬山而誦李謫仙看瀑布之詩句, 臨長江而吊吳魏爭覇之跡, 過遼野而憶隋唐敗師之年, 今者之往, 如觀無題畵圖, 始而疑, 終亦不能釋然. 角坂山之生蕃人而獸, 想吾太初生類果如何, 天下之山, 莫高於阿里新高, 何能火車雲行. 其他淡水草山亦多佳勝, 而無人題字, 過廈門, 唯聞韓文公祠在二百里云, 始知南服爲荒矣, 況如香港, 海上無名靑峰而能有今日, 抑物有顯晦歟. 地有興廢歟. 若其割讓於人, 假手而成之, 則是吾之所不能釋然也. 昔司馬子長, 南遊江淮, 後世猶許之,

嗟! 余已多子長之年四十八, 雖或得之心, 亦無以發揮乎文章, 時勢進化, 又非子長之日. 但洋洋以去, 悠悠以來, 無可向人說道也. 已是行也, 爲視察紅蔘販路, 紅蔘果非我東特産耶. 黃浦以南, 百萬衆大都市, 果非一二, 則年産十數萬斤, 足可以消費, 然措大眼孔, 或無錯算乎否. 孔春圃聖學, 與其從弟聖求, 與之俱行而言歸之日, 聖求君, 編次其行程日記, 示余, 乃余所不及也. 遂書此以補序實云爾. 昭和四年戊辰, 秋七月旣望, 韶山孫鳳祥.

日記 一

序

| 번역문 15면 |

自蔘業組合設立以來, 紅蔘販路, 日復擴張於支那一帶, 而上海與
香港, 尤其樞要地也. 往在癸亥, 上海之販路, 先已視察, 而經營香港,
又有年矣. 今春, 始決其議, 組合長孫鳳祥副組合長孔聖學兩氏, 同伴
登程, 而蔘業技手伊藤菊治郎, 以隨員從之, 余亦得偕焉, 寔昭和三年
四月三十日(戊辰三月十一日)也. 先此入京, 交涉于英國領事館, 受旅
行劵, 以其香港爲英領故耳. 歷訪松本專賣局長, 及山澤製造課長, 告
別, 因往三井物産京城支店, 見支配人代理天野雄之輔氏, 妥協發程
日時而歸, 盖三井會社権我紅蔘販賣權, 而當其販路不況之時, 能維
持高麗蔘聲價, 竟收利潤於今日者, 誠三井之力也. 曾年上海之行, 天
野氏爲案內, 而今又同伴者, 亦三井之厚意也.

四月三十日

| 번역문 17면 |

四月三十日, 朝雨午晴. 午后二時, 往專賣局開城出張所, 告別于伊森所長. 午后六時, 一行出驛, 出張所員蔘業組合員, 及官民知舊多數, 見送. 而汽笛一聲, 已有萬里之想矣. 車抵京城驛, 天野氏來如約. 同車, 專賣局三井會社, 與在京親知, 亦出驛見送. 直向釜山, 進發.

五月一日

| 번역문 18면 |

五月一日, 午前九時, 着釜山驛. 夜雨乍過, 海風稍剛. 三井會社京
城支店長住井氏, 驛頭相迎, 右氏, 以商業視察, 自湖南線, 經木浦,
由陸路, 至此, 預知我一行發程日字. 故爲留宿而迎送之, 其意頗殷
勤. 下車, 連絡船德壽丸, 適到泊矣. 高帽正裝, 多數官人, 肅立於船
板之上, 釜山各社會團體, 隊列于棧橋之兩傍, 竊瞷, 我昌德宮殿下,
爲奉行純宗孝皇帝大朞祭而自東京, 還駕路也. 一行, 整襟祇迎, 自不
禁今昔之感矣. 與住井氏作別, 仍搭德壽丸. 同十時四十分船發, 風雨
旋作. 似有船暈, 謝絶晝食, 靜臥終日. 午后六時四十分, 着下關, 旋
渡門司, 投川卯旅館, 浴罷淸坐, 倍覺酒味, 是爲渡海, 第一飮也. 飮
後, 各自隨意, 散策市中.

五月二日

| 번역문 20면 |

　五月二日, 午前八時起床. 朝飯後, 訪三井物産會社支店, 支店長長谷川作次, 欣迎, 命一社員, 以自動車案內名勝之地. 南驅, 至和布刈神社, 社在關門海峽, 最狹地. 樹木菀蒼, 境內森嚴, 每年一月十五日, 社司入社前, 海中刈和布供神, 和布, 卽甘藿也. 社以名焉. 觀覽良久. 驅車, 縱貫市街, 北登延命寺高臺, 俯瞰東南, 則是爲下關. 關之兩市, 隔海峽一帶而開設, 烟艦風帆, 碁布星列, 千百其數, 西北則小倉·八幡·若松·福岡等工業都市. 互相連絡, 直突揷天, 黑煙濛濛, 是爲九州殷富之源也. 令人吃驚. 歸路, 換乘蒸汽船, 溯洄港灣, 入旅館, 午餐. 午后一時, 乘吉野丸, 發臺灣. 時適風和景明, 波瀾不驚, 舟行如平陸. 上下天光, 一碧萬頃, 恰好甲板之眺望, 回憶鄕山, 亦不無遠離之悵緒. 行未幾, 蒼海茫茫, 紅日盪西, 了無遠峯近島之入眸, 而只有輪機幹轉之響, 還不勝凄凉無憑之歎矣. 吉野丸, 本獨逸所製造, 世界大戰後, 以賠償金代辦爲日本領有者也. 噸數, 八千九百九十八噸, 速力, 十七哩, 載貨量, 八千三百五十五噸, 一等四十五人, 二等一百九人, 三等五百四十七人爲可容, 而船內有無線電信·印刷所·娛樂場·喫煙室·浴室·酒場等, 其他諸般設備, 未有不具. 午后四時, 進洋茶菓, 五時入浴, 六時半, 給仕告夕飯, 案內食堂, 食堂坐, 可容百人, 而

每一卓可坐五六人. 船長中坐, 船客隨意就坐, 進西洋料理. 給仕盛魚菜肉諸種於大盤, 置一洋匙. 而輪次以進客於盤中, 擇其所嗜, 以匙挾移私椀而食之, 又以別品續續次進, 食品槩爲二十種矣. 各自整襟斂容, 其嚴肅之態, 有若公宴. 飯後, 出甲板上, 天宇晴曠, 一片孤月, 印諸海心, 而舟行截波, 其銀濤雪浪, 亦一奇觀. 或吟咏, 或談笑, 或圍碁, 或麻雀, 各自娛樂, 十時頃就宿.

五月三日

| 번역문 24면 |

五月三日, 曉起四望, 天水相接, 不知此船駛幾程里, 向何地点, 只憑日出之方, 始認得南進而已. 洗面畢, 進茶菓, 有頃, (午前九時, 我邦八時半頃) 給仕打鳴一絃物, 聲如洋琴, 巡回外廊與甲板上而止, 少焉, 又鳴, 先則起床整衣之意, 後乃食堂參集之意. 昨夕, 坐卓未定, 故各有案內, 今則只以鳴絃爲號而各自尋坐焉. 料理, 槪如昨設. 午后一時, 晝食, 造船長, 請船內觀覽, 船長管源三郞, 親自案內. 初憑鐵梯, 下入機關室. 前後共有八個炊口, 日費石炭一百二十餘噸. 而各機關, 運轉之響, 轟轟然撞舂衝擊, 立其傍, 人語難辨. 船長說明, 未得詳聆. 而舵進機, 運轉爲樞要, 付屬機關, 如發電機 · 揚水機 · 冷却機等, 眩亂奪目. 旋升梯, 經船長室及技士長室, 更上高臺, 則指揮針 · 方向轉換機 · 速力測量機 · 雨中望遠機 · 日影測定機 · 沉水隔斷機 · 船內通信機, 及電話機, 標準時計等, 皆極精巧, 不可思議. 共表謝意于船長, 而歸甲板, 則日已夕矣. 取和酒和食, 而且飮且啖, 是亦一味也.

五月四日

| 번역문 26면 |

五月四日, 早朝起床, 暑氣頓增, 始覺行近熱帶地方. 而信宿滄波,
自恨大陸之已失矣. 至午后二時頃, 遠峰, 微現於雲霧之中, 孤島, 突
起于煙波之外, 推察臺灣之不遠. 高登舷上, 騁矚不已. 三時半頃, 着
基隆港口, 停船, 則警察稅關官吏, 上船調查, 出旅券示之, 無他詰問.
俄而, 三井會社基隆支店員, 及臺灣紅蔘販賣人張淸港, 來迎船上, 換
乘小蒸汽船, 上陸, 入三井會社支店, 小憩, 更驅自動車, 觀覽市街,
此基隆, 北臺灣物貨集散之要港. 而凡百繁昌, 人口爲六萬餘云. 換乘
汽車, 畧二十分, 着臺北驛, 時五時二十五分矣. 三井會社支店長代理
井上知博, 雜貨部主任上林熊雄, 人蔘係賴尙剛諸人, 出迎. 共入鐵道
飯店(호텔), 協議視察日程, 被張淸港氏招待, 往蓬萊樓, 本土料理,
已極珍奇, 兼有歌妓, 一暢旅懷, 盡歡而歸宿.

五月五日

| 번역문 28면 |

　五月五日, 朝起. 宿雨快晴, 薰風襲人, 恰是我邦六月中旬氣候. 入食堂, 其食品節次, 槩與輪船中所食, 無異矣. 飯後驅車, 參拜臺北神社. 社在市北釼潭山麓, 爲北白川宮殿下, 而設立者也. 明治二十九年, 臺灣征伐之役, 殿下統師轉戰, 中丸而逝, 故妥其靈. 而社之制度崇嚴, 林木蓊菀, 石燈數百, 對列左右, 皆臺灣官民奉獻者也. 淡水一帶, 橫流社前, 名曰釼潭, 潭之傍有寺, 名曰釼潭寺, 昔鄭成功開拓此地, 而投寶釼于潭. 故名之. 一同, 撮影于社前, 爲之紀念, 仍驅車, 周廻市街, 往三井會社臺北支店, 支店長津久井誠一郎氏, 欣迎敍話. 臺北市, 是臺灣首府, 而總督府及州廳, 其他各官衙所在地也. 其學校·病院·博物舘·圖書舘·植物園等, 文化施設, 未有不完. 而道路也, 廣而潔, 建築也, 華而壯, 米茶等, 取引中心之地. 故店舖繁昌, 商業殷盛, 淡水貫流, 風景秀麗, 人口爲二十萬云. 十一時頃, 觀覽博物舘. 舘內陳列, 卽鄭成功, 渡臺前後三百年來之古蹟寶物也. 周覽其蕃人之日用器具, 鎗釼弓矢服飾刑具等物, 可想其古代風俗矣. 十二時, 晝餐于三井食堂, 更驅車, 畧四十分, 至淡水港, 港距臺北十三哩. 此港, 曾爲對支貿易要港矣, 數十年來, 潮水漸減, 沙灘不均, 二十噸以上船舶, 不能出入. 故貿易商况, 漸至衰退云. 大屯山, 聳其北, 蓬萊山, 繞

其東, 淡水流其間. 而三百年前, 和蘭人所建洋舘, 支那時代所築砲臺, 如見昔時之繁榮矣. 近來臺北官民有力者, 共建倶樂部, 兼設運動場, 以作日曜散策休養之所. 午后三時, 驅車, 經草山溫泉, 至北投溫泉八勝園, 因宿焉. 先時, 三井會社, 意欲招我一行于草山溫泉矣, 適有皇弟高松宮殿下, 駕臨草山, 一泊之報. 故變更北投. 而淡水歸路, 尙有時間之餘裕. 故且欲暫探草山風景, 轉往北投之計, 驅車, 登草山, 則巡警戒勿前行, 答以尙有三十分餘裕, 則當先至項北投, 祇迎駕過之意, 巡警乃許行. 故疾馳下嶺, 當山隅回轉處, 不意一車, 突然上來, 勢將相觸. 余所乘運轉手, 急欲暫避, 車之左輪, 半傾於百仞斷崖. 而幸因草蔓之縈纏, 欲落未落. 一行喫驚, 下車視之, 斷崖之懸危, 如一髮矣. 髮堅膽寒, 心不能自定. 急招人夫, 僅救車危, 更乘到項北投, 待駕過, 而竟到北投溫泉, 是謂八勝園也. 津久井支店長以下, 四五人, 先以來待矣. 相語車危之事, 而浴泉撮影, 對妓把盃, 可謂回咷作笑, 先憂後樂也. 夜深歸宿于臺北飯店.

五月六日

| 번역문 34면 |

　五月六日, 午前七時, 乘自動車, 出臺北驛, 賴尙剛君, 先期來待. 換乘南行汽車, 至桃園驛, 下車, 更換乘自動車, 至大溪, 分乘三座臺車, 略三時而到水流東, 視察合名會社製茶所, 受午餐之饗. 時適細雨霏霏, 又宜一盃. 冒雨登山, 二時餘, 達角板山頂, 入薰風館臺, 車路程, 略八十里而山高嶺峻, 樹木參天, 車馬交通, 甚困難. 大凡旅人與物貨運搬, 都憑臺車而利用也. 先置兩條軌道於高低險夷之原路. 而臺車之制, 內舖客座, 如列車坐卓, 僅容二人, 外以藤木搆造上覆, 狀如吾鄉之轎, 盖遮日避雨, 下用鐵輪置之軌道. 而車夫兩人, 各持木棒, 分立前後, 上昇之時, 前者以棒進轂, 後者以棒推轂, 下降之時, 勢固自轉, 還恐急顚, 以棒壓之, 其行甚速, 恰似雪馬. 有非腕車之類, 其妙用不可勝言. 沿路, 都是嶺坂, 無平原廣野, 而伐木開畊, 多植茶樹. 三井合名會社, 貸付附近一帶之地, 開拓茶園, 植付面積, 年年增加, 現今, 年産三十餘萬斤云. 角板山, 海拔二千尺. 溪谷幽邃, 風光佳麗, 山頂平坦, 貴賓舘·警官駐在所·病院·學校·物品交易所, 集中於此矣. 先訪駐在所, 得案內, 視察蕃人家屋及生活狀態, 仍與蕃婆蕃兒, 共同撮影. 轉至物品交易所, 覽蕃人之生産手工品及布木等物, 雖無精巧之態, 質朴厚重, 逈出他品矣. 同夜, 駐在所長, 來訪, 詳聞討蕃時經過及蕃人情況.

五月七日

| 번역문 37면 |

五月七日, 早朝起床, 朝食後, 歷覽貴賓館, 視察蕃童學校. 男女五十餘名, 皆跣足裸體, 以布片遮前胸者多矣. 教師 (駐在所巡查兼務), 指點數三兒童, 或對話, 或講演, 用日本語, 出示學藝品及手工品, 一行稱奇, 爲贈若干筆墨之資, 而就歸路. 臺灣生蕃, 本居平地, 而爲移住漢族之所壓迫, 退居山間者, 種族, 凡七類, 言語風俗相異, 而七百四十餘社, 人口, 總計十三萬餘人. 品性猛獰, 動作輕快, 好勇鬪悍, 而自族之間, 團結堅密, 一致協力, 防禦外侮, 漁業及狩獵, 資生, 宛如原始民族, 而就中熟蕃, 性質稍溫, 歸化于現代政治, 角板山住民, 蓋此類也. 觀其生活狀態, 單純質朴, 似無物外之欲. 而近來敎化, 漸進, 生活, 稍稍改善, 內有貯金納稅者, 且有卒業醫專, 開業于山頂者矣. 九時, 乘臺車, 馳下, 至水流東三井會社, 三峽出張所長近藤氏, 引三個臺車, 來迎. 一路峰巒, 重疊, 溪谷, 幽复, 如蜀中三峽, 三峽之名, 其有以哉. 疾馳, 到鶯歌驛, 乘列車, 入臺北飯店. 午后三時, 訪三井會社, 詳聞紅蔘販賣狀況, 仍訪紅蔘販賣人張淸港于臺北信用組合樓上, 覽紅蔘宣傳狀態, 轉至捷茂號藥房, 主人, 出示紅蔘, 而手切, 蔘之心白者, 示之曰, 需用家, 最忌如是者, 而昨年度製品中, 肉白最多云矣. 仍赴梅本樓三井會社支店長招宴. 是夜, 余一行, 將登南臺灣視察之

路. 故以餞別之意, 特設此席者也. 盃盤狼藉, 談笑飂轟席上. 支店長代理井上知博氏, 年四十四, 而頭髮皓白, 余從兄春圃, 年五十而鬚髥幾乎盡白. 春圃掀髥, 指一妓, 語井上氏曰, "公與我, 則鬚髮如此, 美人雖多, 不得一顧, 奈何" 井上氏微哂, 以此意, 問於諸妓, 一妓卽應曰, "不然. 夏節, 人多尙白, 時當盛暑, 黑者無用. 兩大人, 請勿慮焉" 滿座捧腹大笑. 席將臨散, 津久井氏, 贈除毒香水一瓶曰, "此去南方, 暑氣大盛, 旅行困難, 而蚊毒且甚, 以此香水塗布, 可以去癢除毒, 其情意款曲. 是夜九時, 乘南行列車, 上林主任及張淸港氏, 亦爲伴行.

五月八日

| 번역문 41면 |

五月八日, 曉着嘉義驛, 入靑柳旅館. 朝飯後, 持饁包茶壺, 七時, 乘阿里山登山鐵道車. 午后四時, 着沼之平, 入阿里山飯店. 阿里山, 海拔九千六百尺, 峻極于天. 而山中多有紅檜扁栢香杉等木, 自開闢後, 斧斤不入. 故無非千丈連抱, 如此森林, 儘國中之寶藏也. 爲其運搬木材, 而敷設鐵道, 延長凡四十五哩, 其搬下木材, 年達二十萬石云. 攀登峻嶺, 隧道凡八十五個所. 車之行也, 纔出一隧, 又入一隧. 盤盤旋旋, 如螺殼形, 一旋而俯視, 則俄登之路, 便在足下. 再旋而仰視, 則將行之線, 又在頭上. 如是屢旋而上, 俯瞰下界, 茫茫然, 窅窅然, 殆若鴻濛未判, 只是一氣而已. 怳若羽化而登仙矣. 登山之際, 或重霧, 或細雨, 冷風吹面, 而遙看上界, 開朗白日照耀. 變態無常, 中間設停留場七八處, 以圖旅客之昇降, 物貨之積下, 往返交替之便, 其設計之緻密巧妙, 可謂奪天人之功矣. 及登頂憩舘也, 翻嫌氣凉, 入浴煖湯, 換着綿衣, 擁爐點茶. 少焉, 西風乍起, 重霧捲盡, 奇峰疊嶂, 如列屏障, 掛西紅日, 返照斜映, 下界千萬峯, 沒却圭稜, 變成一雲海矣. 此時此景, 詩固不敢, 畫亦不能, 眞奇絶也. 營林廠技手, 田村綠郎氏, 來訪, 坐聽阿里山狀況談, 夜久而宿.

五月九日

| 번역문 44면 |

五月九日, 早朝起床, 天氣晴凉. 一行撮影于檜材山積之下, 仍朝飯. 八時三十分, 乘車少下, 又撮影於神木之下, 神木, 卽紅檜木也. 其壽大約經三千年, 而高百二十五尺, 周圍六十五尺. 枝葉茂綠, 落落如華盖, 其勢森嚴, 若有神居焉. 午后三時, 着嘉義驛, 暑炎如前困人. 入靑柳舘, 洗塵, 又乘自動車, 周覽市中, 是爲木材及糖業中心之地. 營林所, 施設完備, 爲全國屈指, 而人口爲四萬五千云. 四時, 乘列車, 向潮州, 進發, 擬於高雄一泊矣. 下高雄驛, 則久邇宮殿下, 爲檢閱. 在臺陸軍, 適駕臨此地, 優良旅館, 多爲隨員先点云. 故不入高雄, 而更乘車前進, 投宿于屛東飯店. 先於高雄驛, 一紳士同升車, 卽臺灣製糖會社, 重役平山氏. 與天野氏, 相與談話, 氏整襟語一行曰, "大正十二年春, 今上在東宮時, 行啓臺灣, 駕臨弊社, 而弊社爲奉迎準備. 休新建懇小屋. 用以竹柱矣. 行啓前數日, 柱竹節中自抽新筍, 靑靑可挹. 此竹本産於臺中州竹山郡, 而爲其結搆, 伐取, 貯庫, 經四十餘日矣. 殿下駐駕, 御覽, 嘉賞不已. 伊後, 用意培養, 于今, 鬱然成林, 誠皇室繁榮之瑞兆也. 請公等遠來, 爲之一覽" 一行稱謝, 相約而別.

五月十日

| 번역문 47면 |

五月十日, 天氣晴朗, 薰風拂面. 屏東製糖會社員, 來訪, 卽平山氏
所指送也. 路程, 初以恒春行, 貰得自動車, 而意欲歷覽會社瑞竹, 而
往恒春也. 臨發, 分乘二車, 案内者, 無心乘後車, 前車則不通中語,
只信運轉手所去, 運轉手, 不知罹許. 而直馳徑向恒春路, 先行, 後車,
至岐路, 雖知爲誤, 追之無及矣. 前車行, 畧四十分, 前橫一川, 川無
橋梁, 驅車欲涉, 車重沙深, 輪沒中流, 可謂進退維谷. 急招水牛二疋,
拽引出陸, 然水浸油槽, 動彈不能. 彷徨之際, 後車追至, 言其前車之
徑行致誤, 而來已遠矣, 莫可回往, 一則不見其瑞竹爲遺憾, 二則失信
於平山氏爲餘恨. 互相咄歎, 更換乘他車, 疾馳恒春, 道路平坦, 兩邊
植樹茂盛. 初以軍用目的開通此道云. 坦道長林, 車疾如矢, 沿邊田
野, 芭蕉實鳳梨糖黍之屬, 相連, 而禾穀, 則黃熟, 已有刈穫者. 午后
二時, 着恒春. 恒春南臺, 一都市人口爲萬餘云. 入臺灣製糖會社出張
所, 午餐. 時天氣薰蒸, 道路長遠, 人已困暑于乘車支離, 而問鵝鸞鼻
去程, 則或云, "車之往返, 要四時" 或云, "六時" 一行有異議曰, "若
到鵝鸞鼻時晚, 則中路, 無可宿處, 又若中處逢雨, 則車路, 過夏不通,
事將狼狽矣, 不如停止還歸來路爲上策, 紛紜未定矣, 適有人自鵝鸞
鼻來者. 問其詳, 則自此往還, 不過是三時間云. 故更決意驅車, 登鵝

鷲鼻. 山在臺土南端, 極尖, 而三面大海, 南通呂宋, 東連日本, 西接
廈門, 登高望, 海黑潮動盪, 爲之凜凜, 然觀無線電信所, 因上燈臺,
是則淸朝光緖八年, 被各國政府所勸告, 而建設者也. 高五十九尺, 拔
海面一百八十尺, 能照明二十海哩云. 撮影紀念, 旋卽返車, 經恒春,
至潮州, 換乘汽車, 着高雄, 入吾妻舘, 夜已十時. 終日驅馳, 頗覺困
憊.

五月十一日

| 번역문 51면 |

　五月十一日, 朝飯後, 訪三井會社出張所, 得社員吉岡氏案内. 驅
車, 登南山, 俯瞰全市, 市之設, 夾灣, 而分東西, 東云旗後, 本土人舊
街, 西云新街, 日本人新街, 州廳所在地, 人口四萬餘, 米砂糖鐵製品
等, 貿易年額, 一億八千餘萬圓, 南方唯一良港. 現雖亞於基隆, 而有
新興發展之希望矣. 灣體深廣, 岸壁完固, 八千噸級巨艦十餘艘, 能
容碇泊, 而灣口如壺, 不過六十餘尺. 故着手開擴, 工事完成, 則一萬
噸級船舶, 容易出入云. 換乘蒸氣船, 一周灣內, 山曲水廻, 天成一灣,
淸風襲人, 景色絶佳, 以今船遊, 較昨車馳, 其炎凉閒忙, 天淵之判矣,
使人興感. 午后一時, 乘汽車, 二時半, 着臺南驛, 入驛前三井物産會
社支店. 午餐後, 視察臺灣製糖會社, 參拜文廟, 廟制, 與我京經學院,
彷彿相似, 而禮義道德兩門, 及洗手池文星樓等, 有加矣. 轉至開山神
社, 社爲鄭成功設也. 成功, 明末時人, 其父以貿易渡日本九州長崎,
娶日女, 而生成功. 其父歸國, 不再來, 其母携幼兒至明, 因居焉, 及
明亡之時, 率明朝子孫, 避亂至此, 與先居蘭人, 不能相容相爭, 有日,
始得勝捷, 而把握統治之權, 主宰此土, 追封東平王, 是爲畧歷. 而神
社制度, 極爲壯嚴. 又轉拜臺南神社, 卽赴鶯遷樓, 三井會社招宴, 把
盃罄歡, 入夜出驛, 向臺北.

五月十二日

| 번역문 54면 |

　五月十二日, 午前六時, 着臺北驛, 入鐵道飯店, 朝飯後, 歷訪各人
蔘販賣商店, 探査販賣狀況. 是日, 卽本土人, 崇信媽祖, 年例祭日也.
各商店各團體, 參加行列, 一隊或三四十人, 或五六十人, 塡街滿路,
無慮數千人, 或擎旗幟, 或捧鎗劍, 或奏簫鼓, 或鳴金鉦, 或假裝舞獅
飛龍走馬等物形, 或假裝關公張飛趙雲等人形, 丈各數丈餘, 令小兒,
恦啼背走, 或擔無數神輿, 最後, 引一大彩車, 車上假飾龍鶴, 使童妓,
立舞於龍頭鶴喙, 觀者心寒, 不忍正視. 彩車制, 與京都祇園祭日巡市
式, 大約相類. 此是市內各町人獻誠. 故以上彩車行列, 多有八九隊,
延亘市路, 幾乎數里, 形形色色, 各盡其技, 有若幻戲者, 然眞可謂奇
觀. 轉詣龍山寺, 巡覽植物園, 午后五時, 赴草山溫泉三井會社招宴,
又極歡娛, 夜十一時半, 歸臺北.

五月十三日

| 번역문 56면 |

　五月十三日, 朝七時半, 乘列車, 至基隆港, 入三井會社出張所, 少憩, 十一時, 搭鳳山丸, 發向廈門, 日薰風微, 船行頗穩. 而此船挑水量, 不過二千三百餘噸, 構造設備, 比之吉野, 甚有遜色耳. 臺灣, 隔一帶海峽, 與支那福建省, 相接, 南北千餘里, 東西四百餘里. 形如楕圓, 比之朝鮮面積, 不過六分之一. 而高峰峻巒, 縱貫南北, 海拔萬餘尺者, 四十餘座. 形如脊樑, 勢分東西, 西部一帶, 平野展開, 土壤肥沃, 産物豊盛, 人口則四百二十餘萬, 本土人三百九十餘萬, 日本人十九萬, 蕃人八萬六千餘人, 外國人三萬五千餘中, 支那人, 居多, 歐米人極少, 而從此人口, 年年增殖云. 氣候, 則地屬熱帶, 四時溫暖, 雖冬節, 或霜降, 無氷結, 南部溫度尤高, 而但高山地帶, 不知康炎, 雅趣非常, 産業則農業爲宗, 而米年二回收穫, 六百餘萬石, 移出二百五十餘萬石, 甘藷十九億斤, 茶一千九百餘萬斤, 落花生五十餘萬斤, 豆類十萬餘石, 此土特産芭蕉實, 年産二億八千萬斤, 輸出額一千三百餘萬圓, 鳳梨輸出額一百七八十萬圓, 砂糖生産額八億斤, 樟腦, 其他林産水産鑛産等, 年輸出總額二億六七千萬圓, 輸入一億七千萬圓, 輸出超過, 近於一億, 可知其殷富矣.

五月十四日

| 번역문 58면 |

五月十四日, 早朝起床, 大霧迷天, 船行遲遲, 時鳴汽笛, 恐其他舟相觸也. 午前九時, 着廈門港, 三井出張所長川上氏, 與福島社員來訪船上. 爲言日本出兵山東之故, 支那各地, 排日熱更發, 廈門亦是危險, 姑爲上陸于鼓浪嶼, 叙話爲好云. 共乘三井蒸汽船, 泊鼓浪嶼, 登岸, 入三井會社社宅, 盖鼓浪嶼, 廈門港內一小島, 外國人居留地, 支那人富豪避亂居住者, 亦多. 社宅, 三層洋制屋宇, 寬暢庭園, 多栽奇花異草, 頗有幽雅之趣. 午進支那料理, 精潔豐富. 有時砲聲, 殷殷而來, 一行驚訝, 盖數日前北方軍艦來襲, 相與交火, 軍艦卽退却, 然猶發警砲, 非實戰也. 以日貨排斥之故, 不能解荷, 一夜停舶海中, 午后四時頃歸船, 留連, 同夜, 本國友鄭濟亨, 冒雨來訪韶山先生于船中.

五月十五日

| 번역문 60면 |

五月十五日, 乍雨乍晴. 午前九時, 川上氏來訪. 棹小船, 共登廈門埠頭, 入三井會社, 社舖雖舊, 占在埠頭要地. 鄭濟亨氏, 先來, 待準備轎子, 欲共一覽市街, 而供午餐也. 天野川上兩氏, 以時局危險, 極力防止. 不得已謝絶鄭友, 旋乘蒸汽船, 探勝南普陀寺, 途經支那兵營海軍無線電信所 · 廈門大學校. 及到寺. 佛宇之壯麗, 泉石之窈窕, 非比臺灣龍山寺. 而願堂別殿, 絡繹相望, 其額揭柱聯, 筆法雄健, 媚妍可翫. 步登後麓, 則入口, 書別有天地四字, 奇岩穹窿, 自成洞府, 可謂名實相副, 而岩面, 多刻詩人名句, 亦一奇觀, 回到三井社宅, 午餐. 午後四時, 登船, 川上福地鄭濟亨諸人, 餞送于船. 五時出帆, 向汕頭. 廈門大學, 基地廣濶. 講堂 · 圖書館 · 俱樂部 · 寄宿舍 · 教員舍宅等, 建物櫛比, 皆石造層屋, 屋盖色瓦, 燦然增彩. 只不見內部之設備, 而聞其建設略歷, 則當地一靑年, 以赤手渡新嘉坡, 經營商業二十年, 遂成巨富. 投四百餘萬圓之巨額, 設立此棲云, 使人歎服. 此地産印朱, 名冠天下. 故春圃兄爲購一盒, 置諸行橐.

五月十六日

| 번역문 63면 |

五月十六日, 朝六時, 着汕頭港, 雨下如注. 三井會社員太田氏, 來
訪船中, 爲言外面別無排日暴動, 然國民黨支黨部, 日開委員會, 協議
排日方針, 則必有變兆. 不必上陸云, 兼且風雨不止, 故終日徘徊于船
上, 招商人來, 買此地産麻製織物, 按潮汕鐵路豫定地圖. 潮州, 韓文
公遺祠所在地, 距此不遠, 而勢不得往見, 亦一遺憾. 午後五時, 出帆
向香港.

五月十七日

| 번역문 65면 |

五月十七日, 朝雨霏霏. 午前十時, 着香港, 三井物産雜貨部主任太田氏福島氏, 出迎埠頭. 乘車入松原旅館, 午餐, 訪三井洋行, 告以來意, 仍乘車, 登山頂, 適大霧襲來, 掩翳全港, 無由眺望, 換乘登山電車而歸旅館. 夜與福島氏, 探市中夜景, 登千歲樓, 見遊廓, 更向淸風樓, 飮一盃而歸館, 曉已二点鍾矣.

五月十八日

| 번역문 66면 |

五月十八日, 方進朝飯之際, 三井會社上海支店社員中村氏, 來訪. 氏, 以視察紅蔘販路之目的, 將行南洋諸島及新嘉坡·盤谷等, 新需要地, 而曾有來開舊緣故, 皆爲親熟. 欣握以叙久濶. 午后一時, 共赴三井支店長招待于香港飯店, 午餐後, 歷訪順泰行利源長等紅蔘賣店, 備探販賣狀況及需要關係, 歸路, 巡覽市街, 至淸風樓, 又有三井會社晚餐, 食品豊潔, 忘夜宴樂, 撮影而歸. 是會, 主客共八人, 妓則七人. 而姸醜肥瘠, 形態各殊, 沉醉轟笑. 中天野氏, 乃言曰, "今夜之會, 飮酒樂矣. 其行杯酒令, 必使一人前一妓對勸, 而取意各自不同. 且有少一之歎, 不如抽籤而拈空之人, 單坐獨酌, 此亦付之運可也. 僉意如何?" 皆曰, "贊成" 於是, 寫妓名七, 空字一, 各抽一籤而視之, 則余從兄春圃拈空. 諸妓如約分坐, 滿座皆笑. 太田氏發言曰, "遠來高客, 如此待之, 甚非吾社敬客之本意也" 卽命使女, 加招一妓來. 年方二八, 白髮紅粧, 最爲一奇, 滿座, 又爲捧腹哄笑.

五月十九日

│ 번역문 68면 │

　　五月十九日, 朝送中村氏發南洋, 仍訪義順泰同泰仁等蔘商, 皆三井會社指定販賣人. 探聽紅蔘及各國人蔘賣買需給價格等實況, 歸路, 登南唐酒樓. 樓凡九層. 以升降機導客, 其結搆之廣大, 床卓之華麗, 不可形言, 而及進料理, 魚菜肉餌, 色甚輕淸, 味極素淡, 還勝於北方之油膩濃厚云, 是廣東料理法如此也. 中人有言生於蘇州, 衣於江州, 食於廣東, 死於柳州, 類如我邦生居龍仁, 死在長湍之語也. 歸路, 於先施公司, 買略干土産品而歸宿.

五月二十日

| 번역문 69면 |

五月二十日. 曇雨. 朝六時, 起床朝飯. 得福島之案內, 八時三十分,
搭乘輪船, 發向澳門, 同十二時半, 着澳門. 上陸, 驅自動車, 巡覽市
街, 入娛園. 園中松竹翳, 如庭有石假山, 蒼苔點綴, 一笠之亭, 數椽
之屋, 重重排列于美蔭奇石之間, 想見幽雅風景咸宜乎四時之翫賞.
而滿塘荷花, 方盛開, 認得園主, 能有出塵之想矣. 園主, 支那人羅林
玉云. 詔山丈, 向余言, 曾觀蘇州留園, 而今羅園, 亦類是也. 艶羨不
已. 又逶迤, 行車于松林山路, 忽聽蟬聲砭耳, 可知氣候之早成. 轉到
舊城址下, 觀建物古蹟, 是則西曆 一千六百二年, 和蘭人, 所建築寺
院. 而其石門殘壁, 尙有刻西曆算字. 又轉入順泰銀牌, 觀賭博狀況.
樓設二層, 中開通觀. 而牌者居下層, 賭者居上層, 賭者以一二三四數
字, 書於紙, 兼裹賭金幾何, 係錢盒於長繩縋下之, 則牌者受之, 開盒
記號, 而把葉錢一掬, 堆于衆人所示之前, 手將鐵幹之尖, 挑出葉錢之
眼, 高聲大呼, 四四除之, 無數可除然後, 爲判決. 而假使擲一圓得勝,
則所入爲三圓七十錢, 其得實二圓七十錢也. 以余暫見別無神奇, 而
東西人男女, 多爲此戲, 可一笑. 大抵澳門廣東之入口, 和蘭人始來貿
易居住地, 而今日雖爲蘭領, 了無割讓契約, 權任人混處, 而其商况,
無足可觀. 歲入中賭博稅居多云. 但市街淨潔, 道路完全, 適合於住宅

遊園之地, 而現在人口略十萬云. 午后三時半, 還乘輪船, 歸到香港口, 時則七時二十分頃矣. 百萬電燈, 照耀十里, 香港, 變爲燈海, 九龍, 變爲不夜城也. 如此奇景, 眞平生㓜覩. 歸館, 韶山丈, 因滯欠和, 招醫診察, 進藥餌.

五月二十一日

| 번역문 72면 |

五月二十一日, 曇. 韶山丈病, 未至快, 靜臥調理, 天又雨, 余甚無
聊, 午后二時頃, 與福島, 同出市街, 巡覽各店舖而歸.

五月二十二日

| 번역문 73면 |

五月二十二日. 天氣晴朗. 朝食後, 與三井會社福島氏, 巡覽全島, 所要時間, 畧二時三十分, 所經道路, 都以洋灰塗抹, 無一点塵芥, 膩滑平坦, 凡車行, 轍無印跡, 輪無轉響, 有若自流於油板. 一年修繕費, 數百萬圓, 英人經邦衛生之道, 推此可知矣. 夕飯後, 乘三井小蒸汽船, 巡回港內, 觀覽夜景, 十時三十分, 換乘瑞安號, 發廣東, 太田主任同行. 是夜, 炎威肆酷, 汗出如漿, 心神煩惱, 不得穩睡.

五月二十三日

| 번역문 74면 |

　五月二十三日, 朝六時半頃, 着西江埠頭, 與香港相距, 凡九十餘
浬. 溯上, 略八時間餘. 乘自動車, 入英租借地沙面三井支店, 支店長
山崎龜之助氏, 迎謂曰, “廣東, 近以排日, 頗多危險, 諸公遠來遺憾
千萬. 然愼勿冒險視察, 幸須自重.” 一行聞此, 相顧驚駭. 於是, 乘舟
巡回, 遙望市街. 市街, 扼珠江西江之咽喉要衝, 人口二百餘萬, 百貨
輻湊, 前爲兩廣總督所在之地, 今則廣東省首府, 採用委員制, 實中華
新革命發祥之地也. 盖國民黨總理孫文, 號中山, 崛起南方, 從事革命
四十載, 倒潰淸朝, 將欲有成, 而爲軍閥之所沮, 退處此地, 敎育靑年
子弟, 養成革命軍官, 鼓吹以三民主義, 三民主義, 即民族民權民生是
也. 打倒帝國主義, 撤廢不平等條約, 以期成革命爲標榜, 天下響應,
將欲北伐之際, 黨內多有異議, 唱北伐尙早之論, 而中山猶能挺身, 入
北京, 與北方軍閥折衝, 不由戰爭而欲行己之主義, 不幸天不假年, 中
途永逝. 使中國革命, 幾乎危急矣. 其高弟蔣介石, 承中山遺訓, 起北
伐之軍, 不數月, 擊破湖南湖北, 遂得武漢之地, 更侵福建浙江江蘇
諸省, 畧上海, 陷南京, 以破竹之勢, 乘勝長驅, 日見新聞報道, 北京
陷落, 只在朝夕. 顧余一行, 際此時, 當此地, 白雲山下, 觀中山大元
帥時起居屋宇, 望國民黨本部, 不能無感也. 江上, 多有船舶, 其畵舫,

則内部粧飾, 甚華麗, 才子佳人, 隨意留連忘返, 江水灣回處, 舟楫聯絡, 不知幾千艘. 是則水上生活者. 所占人口, 多至二十萬云. 或少婦搖艣, 或兒童, 以瓢掛腰, 防備落水時浮動不沈之意. 各船景狀, 種種呈觀, 令人解頤. 然而鰈域屎生, 一棹遠來, 不能快覩實境, 略視輪郭, 未嘗無西瓜外咀之歎矣. 返沙面點心, 坐談紅蔘販路, 或購廣東産物, 紀念撮影, 勉强消遣, 午后六時頃, 還乘瑞安號. 十一時, 歸着香港, 行船略五時間. 船之溯上順下, 大有遲速之差矣. 中華人船隻, 多有据置火砲者, 訝而問之, 江上, 多有海賊, 故設此威壓云. 其國境警備之不完, 推可知也. 所謂沙面, 是英人租借地, 而外人多居於此地, 占市街東南隅, 東西, 僅四百八十餘間, 南北不過百餘間之小地面, 而與市街相接處, 鑿堀引水, 圍繞鐵條網, 其出入之口, 軍警交立, 不許中國人無端出入. 此眞中國之耻辱, 廣東之肝瘇. 故年前有砲擊沙面之事, 今覩實狀, 不禁振觸之感.

五月二十四日

| 번역문 79면 |

五月二十四日. 暑炎益熾, 扇風機, 夜猶不停. 而春圃兄, 蒸炎出汗, 紅粟滿背, 歸國船出帆期, 遠在二十九日. 故無聊困暑, 頗有鬱鬱久居之歎矣.

五月二十五日

| 번역문 80면 |

　五月二十五日, 天氣晴明. 午前十一時, 與天野伊藤兩氏, 乘連絡船, 渡九龍市, 此亦英之租借. 船渡時間, 僅七八分, 卽乘自動車, 一周九龍, 所要時間, 略三時. 雖無名勝古蹟, 峯巒秀麗, 樹木蒼鬱, 港多彎曲, 海面平穩, 可適商港. 晚登九龍茶樓, 喫茶菓, 渡江而歸.

五月二十六日

｜번역문 81면｜

　五月二十六日, 乍雨乍晴. 暑濕交侵, 無可消遣. 午后七時, 赴支店長招宴于社宅. 宅在峰巒中腹, 而治道螺形. 自動車輪廻, 而至中間卸車, 步行有頃, 着社宅. 三階洋屋, 設備侈麗. 主人, 巧以線病, 要靜臥. 以其夫人, 代爲待客, 主客共十二人. 西洋風習, 宴時, 人爲十三名, 謂之不美. 故夫人亦辭不參, 可謂呼賓作主. 各自隨意縱酒, 豪談狂歌, 一度迭蕩, 夜深罷歸之際, 主人又贈銀製煙匣, 以表其親切之意, 令人可感.

五月二十七日

| 번역문 82면 |

　五月二十七日, 或雨或暘, 入夜雨下如注. 赴中國人紅蔘特約販賣者聯合招宴, 行不夜市街, 到金陵酒樓. 樓是新築洋製. 內部修粧, 純用花柳木. 一間, 可容二十人, 而以中國十八省命名, 卽浙江樓湖北樓之類, 是也. 各樓內, 設備鴉片吸煙臺, 中點一盞油火, 左右對臥而隨吸隨供, 其液無償, 初見駭然. 此時, 余以暑濕, 消化不良, 故試吸二回, 別無感効. 盖此毒物, 流害中國, 以致國勢之岌嶪. 近年政府, 頗有嚴禁, 但香港, 乃英領. 故如是公開, 誠可慨也已. 宴開, 各人前各器進供, 此乃中國式最敬意. 擧盃相勸. 極其殷勤, 夜十一時盡歡而散. 自臺灣及此宴會, 中國妓女, 時時入席, 坐於一隅, 自唱自彈, 無勸酒接客之事, 又且不時遞易. 無甚姿色, 彈唱之席, 亦騷然不雅. 但其開西瓜仁, 煮鴉片液, 其敏捷, 亦一可贊.

五月二十八日

| 번역문 85면 |

五月二十八日, 天氣晴快, 氣溫低下, 凉味頓增, 愉快不堪. 夜招請
三井會社員七八人於淸風樓, 余一行, 滯在香港十有餘日, 案內也, 宴
會也. 多蒙諸人之厚意, 而將以明日賦歸. 故兼以酬勞惜別之意, 爲設
一盃者也. 把酒盡歡, 十一時而歸舘.

五月二十九日

五月二十九日. 自早朝, 豪雨暴注. 從韶山丈與天野氏, 告別于阿部支店長于社宅. 阿部氏, 昨行切開手術, 而臥不能接客. 故留唧而退, 轉至三井會社, 告別于諸人, 冒雨, 至棧橋, 太田福島兩氏, 餞送埠頭. 共乘小蒸汽船, 登大洋丸船上, 促膝對坐, 一盃相屬, 致謝多日眡勞. 而兩氏告別, 下船, 船頭悵望, 却不禁萍水逢別之懷. 十二時頃, 船體始動. 指北駛行無何, 香港諸峯, 已隱於雲霧朦朧之間, 又一悵然. 香港面積不過三十平方哩, 周圍, 僅二十七哩. 距今畧七十年前, 所謂阿片戰爭之結果, 淸國敗戰, 以賠償之代, 割以爲英國之永久所占, 次以義和團事件, 距今, 略五十年前, 又割與九龍半島南端, 更於三十年前, 以九十九年期限, 租借兩地附近諸島嶼, 以至于今. 而香港, 當歐亞交通之要衝地点. 船舶出入頻繁, 貿易旺盛, 每年統計出於倫敦紐育之右, 人口, 畧五十萬, 大部分支那人, 其他畧一萬六千名, 英人居其半, 日本人爲千五百之數矣. 香港, 英國直轄植民地也. 置總督, 使兼海軍司令官及香港大學長, 設地方及中央議會, 取代議之制. 而議員, 則英人獨点, 支那人雖多, 初無參與之權矣. 年前, 與廣東絶交, 受困以後, 參加數人, 是爲緩和其憾情也. 貨幣制度, 以弗爲單位, 有一弗五弗十弗五十弗百弗五百弗等, 兌換紙幣外, 有銀銅補助貨幣,

而日本, 近以山東出兵之, 故爲替時勢, 猝落, 以日貨百圓, 僅換香港
貨九十弗, 山東出兵之影響, 非但有關於視察, 亦有違於行槖豫算矣.
香港及九龍, 全土皆國有, 不認私有. 故土地家屋使用料以外, 只課印
紙·阿片·烟草·酒類等稅, 無消費·所得·車輛·家屋·地稅等雜稅,
而歲入年至二千餘萬弗, 充當香港政廳歲出, 而土地費, 卽道路·橋
梁·修築費, 居其三分之一云. 由此, 可見其道路完備矣. 香港市街後
峰名비구토리아, 海拔一千八百尺, 市街地面狹隘, 故家屋多建于山
頂山腹. 而要新築者, 申請于政廳, 則雖險峻難通之地, 爲投巨額, 開
通道路以許給. 故千百尺絶頂中腹, 高樓巨閣, 鱗次相連, 擡頭望之,
金碧輝煌, 雲霧縹緲, 眞可謂神仙窟宅, 殆非煙火世界, 足以呈天下奇
觀, 今此所搭大洋丸, 總噸數一萬四千餘噸. 一等船客, 可容三百餘
人, 花園·娛樂室·遊戲室·酒場·婦人室·小兒室等, 無非完備整齊,
此亦本獨逸所有, 世界大戰之結果, 爲日本所有者也. 十一時半, 入食
堂, 則內外船客, 各就其位, 嚴肅端莊, 方擧匙, 奏洋樂以侑之, 其飮
食之豊潔, 進供之雍容, 不容贅言矣.

五月三十日

| 번역문 90면 |

　五月三十日, 船中無聊, 或灑風于甲板, 或看書于船室. 宿雨新霽, 風浪小起, 多有不參食堂者. 春圃兄, 亦因滯棊暈, 終日堅臥. 夜開活動寫眞喜劇數種.

五月三十一日

| 번역문 91면 |

五月三十一日, 風浪不起, 舟行平穩, 乍雨乍晴, 頗覺凉味. 向北船
行, 已五十餘時間, 盖緯道之差異, 以致溫熱帶之相違也. 偶入電氣運
動室, 有七八種運動機具. 而試一動機, 有腰轉不止者, 有卸下不能
者. 種種遊戲, 令人絶倒. 多日航行, 自然氣筋屈縮, 故爲此戲. 伸張
之, 可見衛生之周到也. 午后, 海水漸帶黃色, 此乃楊子江水, 混入之
故也.

六月一日

| 번역문 92면 |

六月一日, 天氣晴明, 江風拂面, 心神爽快. 俄而兩岸田野展開, 吳
淞市街羅列. 船傍人家櫛比, 工場相連, 忽轉船頭, 溯黃浦江而南進,
西岸稱上海, 東岸稱浦東. 午前十時, 橫着埠頭, 三井會社池田惠藤兩
氏, 乘小蒸汽船, 出迎, 欣握相叙久濶之懷, 兼探時局形便, 略與廣東
一樣租界內, 別無異狀云. 直入豊陽舘, 中食後, 訪三井會社, 致來意,
逢着志成公司主人李惟善, 儀貌端方, 議論縱橫, 曾於李容翊時代, 來
此仍留, 而販賣人蔘, 兼營獨逸藥品云. 夜赴三井會社月之家招宴, 近
藤池田惠藤與朝鮮總督府通譯官尾田氏參席, 醉話爛熳. 聽得日本人
花巷現狀, 則日本人來居者, 畧三萬, 而藝妓二百餘, 名唱妓百有餘
名, 密賣私娼業, 爲二千名云. 萬里異域, 娼業亦多如是, 可驚又可訝.

六月二日

| 번역문 95면 |

六月二日, 天氣晴快, 東風且起, 還忘暑炎. 朝食才畢, 三井會社池
田氏, 來舘, 共往三井會社, 留待時頃, 轉往志成公司, 逢馮子卿沈堯
春兩蔘商, 此乃价李惟善先約, 來待者也. 叙話移時, 更往三井會社,
問議歸國船便, 則六日連絡船以外, 不合出帆, 故以六日爲定. 池田
惠藤案內, 驅車, 至美人經營新築大飯店, 中食. 食堂中央, 設舞跳場,
三面, 皆圍食卓, 其結構雄壯, 材料之侈美, 又一吃驚. 就中, 支那式
寢室, 錦帳緞枕, 其他坐臥床卓, 華麗而堅緻, 支那人上流生活狀態,
推可知矣. 歸路, 觀競馬場野球競技, 歷入豊陽舘, 轉往日本料理屋,
晚餐而歸.

六月三日

│번역문 96면│

六月三日, 馮子卿沈堯天與孔雲生, 來訪旅館, 對韶山丈, 交譯通話. 先是, 高麗蔘業社, 有春尾蔘賣買契約, 而目下排斥日貨, 事屬葛藤. 故爲是協商也. 討話數時, 共往中華街復興園. 受午餉. 午后二時, 赴月之家書畵會. 會是三井會社主催, 而中國人四名參席. 沈文藻, 號笠山, 七旬老齡. 簡易和樂, 博學能詩, 尤工於札翰. 楊蔭嘉, 嘉號〔缺〕, 面黑身碩, 似倨傲多慷慨. 眼空一世, 善書能詩. 黃素荸, 號〔缺〕, 白晢美姿容, 善修威儀, 工畵, 尤長於山水摸寫. 王廷珏, 號滄浪, 愷悌樂易, 與人款曲, 而工書畵, 能解外國語. 是日也, 互相筆談, 拈韻唱酬, 或書或畵, 群妓爭索一幅, 以供文讌之趣. 而筆硯縱橫, 盃盤狼藉, 轟笑朗吟之聲, 哄堂不已, 不覺夜已深矣.

六月四日

| 번역문 98면 |

六月四日, 朝飯後, 覽虹口日用品市場. 三層建物區分物類. 魚肉野菜等, 海陸物産, 充物場內, 賣來買去, 人肩相磨. 旋仍歸旅館, 玉觀彬君, 來訪叙話, 經營獨逸製生殖靈藥, 近獲巨金云. 共被王君之邀午餐于美雅酒樓, 酒味食品, 眞不負名矣. 及夕陽, 又赴三井會社支店長社宅招宴. 社宅基地, 萬有餘坪, 有洋屋三棟, 其一支店長, 其二副長居, 其三社員中獨身者聚居, 而制度宏傑, 入食堂, 支店長與副支店長, 同夫人參席, 進中國料理, 品珍味奇, 不覺醉飽. 食畢, 逍遙庭際池畔上露臺, 閒話, 語及人蔘販賣及需給狀況. 支店長言內"紅蔘販路擴張, 常感物品之不足. 故自今年, 加製五千斤計劃"云. 始知其需給之實情矣. 夜十一時, 歸宿.

六月五日

| 번역문 100면 |

六月五日, 朝食後, 巡回市中, 購入若干物品. 往三井會社, 告別, 與池田惠藤, 共登嶺南杏花酒場, 中食, 歷觀先施公司, 又往李惟善·玉觀彬商舖, 各告別, 歸館, 與天野氏, 痛飮惜別酒, 不覺沉醉.

六月六日

│ 번역문 101면 │

六月六日, 四時, 起床. 束裝朝食後, 驅車, 出埠頭, 近藤·池田·惠藤諸氏, 出埠見送, 天野氏, 亦出埠, 以社務妥合, 未盡, 後余四五日發程爲約. 然而萬里作伴, 四旬同行, 忽爾今朝一留一去, 安得不黯然魂銷哉. 搭上日華連絡船上海丸. 是日也, 風恬日薰, 船行如平地. 入夜, 觀活動寫眞.

六月七日

| 번역문 102면 |

六月七日, 天晴風穩, 日射海光, 淸柔如油. 正午, 入長崎港, 乘車, 巡覽市中, 午后二時, 換乘列車, 八時, 着門司, 卽渡下關, 九時又換乘列車, 向大阪進發, 翌朝九時, 着大阪驛, 笹谷卑邇雄君, 出迎. 入朝日旅舘, 探訪數三處人蔘問屋, 巡覽市中而歸宿.

六月九日

| 번역문 103면 |

六月九日, 朝食後, 甘草商主山元來訪. 驅自動車, 至灘波驛, 換乘電車, 經住吉公園, 至堺市, 觀水族館, 着大濱, 登丸辰樓. 樓極靜潔, 前望大海, 風景絶佳. 中食後, 歸大阪, 又乘阪神電車, 往神戶, 訪長岡人蔘商, 數語, 旋歸大阪. 夕食後, 登歸程, 車向嚴島進發.

六月十日

| 번역문 104면 |

六月十日. 車中曉冷, 未能穩睡. 盖旅行熱帶地方四十日間, 習於暑炎, 故歸當此地, 易感寒觸. 午前六時半, 着宮島, 卽渡嚴島, 入大根屋, 沐浴, 朝食後, 參拜嚴島神社, 覽寶物舘, 經大元楓公園, 望五層塔, 登千疊閣, 遊矚海上全景. 三時, 返宮島, 乘車, 八時, 着下關. 夜搭昌慶丸, 海穩睡熟, 寢到天明. 翌朝八時, 着釜山, 換乘列車, 到永登浦, 朴鳳鎭·趙明鎬·孫洪駿諸君, 來迎欣握, 入京城驛, 專賣局員三井會社員在京親知數十人, 且迎且送, 歸着開城驛, 親戚故舊數百人出迎驛頭. 旋卽歸家.